AF591903

MINISTÈRE DES RÉGIONS LIBÉRÉES

DÉPARTEMENT DE LA SOMME

LISTE

DES

ENTREPRENEURS

AGRÉÉS POUR LES TRAVAUX
DES SOCIÉTÉS COOPÉRATIVES
DE

Reconstruction du Département de la Somme

A LA DATE DU 30 JUIN 1924

AMIENS
IMPRIMERIE DU PROGRÈS DE LA SOMME

1924

LISTE des ENTREPRENEURS AGRÉÉS

dans le Département de la Somme

ARRÊTÉE A LA DATE DU 30 JUIN 1924

(Voir page 36 : Agréments restreints)

NOMS ET PRÉNOMS des Entrepreneurs Raison Sociale de l'Entreprise	ADRESSES	SPÉCIALITÉ pour laquelle l'agrément a été prononcé
MM.		
ABRIANY, Gustave	à Moreuil (Somme).	Peinture.
ALLART frères	à Roye (Somme).	Maçonnerie.
ALLARY, Paul	faubourg de Saint-Quentin, à Maubeuge (Nord).	Entreprise générale.
ANCELLE-DENIS	à Beauval (Somme).	Menuiserie, Charpente.
ANDRÉ (Vᵉ et fils)	18, rue Alexandre-Fatton, à Amiens.	Menuiserie d'ameublement, Travaux d'art.
ANDRIEUX, Narcisse	à Thézy-Glimont.	Menuiserie.
ANGOT, Louis	82, rue Saint-Louis-en-l'Ile, à Paris.	Couverture, Plomberie.
ANQUET, Jules	à Villers-Bretonneux.	Menuiserie, Charpente, Serrurerie.
ANTOINE N. G. D.	45, chaussée Périgord, à Amiens.	Entreprise générale.
ANTOINETTE, Georges	8, rue Saint-Sever, à Rouen.	id.
APPERT, GRAND et PERRIN	224, rue Marcadet, à Paris.	Maçonⁿᵉ, Ciment armé.
Ateliers **SAINT-ELOI** et **LABOR** réunis	33, rue Frisac, à Toulouse.	Entreprise générale.
AUBERLIQUE, Marceau	à Ham.	Menuiserie.
AUBIN, Léon	à Bayonvillers.	Charpente.
AUDOUZE, Jouannès	1, rue des Carrières-Saint-Denis, à Nanterre.	Maçonnerie.
AUFFÈVE, Eloi	à Nesle.	Entreprise générale.
AUGER, Albert	5, rue Camus, à Amiens.	Maçonnerie, Plâtrerie.
AUGER et MATHIVET	à Nesle.	Entreprise générale.
AUROUX, Albert	à Roye.	Maçonnerie.
AUVRAY, Marcel	à Roye.	Maçonnerie, Plâtrerie.
AUVRET, Elie	à Roisel.	Menuiserie.
AUZOUX, Marcel	à Moreuil.	Maçonnerie.
Association ouvrière « L'Avenir de la Charpente »	à Péronne.	Entreprise générale.
AVON, J.-B.	48, rue Duroyer, à Amiens.	Dallage, Revêtement mosaïques.
AVRONSART, Alfred	à Péronne.	Entreprise d'électricité.
BACQUET, Emile	à Eppeville.	Peinture, Vitrerie.
BAILLY, Bernard	à Berteaucourt-lès-Thennes.	Entreprise générale.

NOMS ET PRÉNOMS des Entrepreneurs ou Raison Sociale de l'Entreprise	ADRESSES	SPÉCIALITÉ pour laquelle l'agrément a été prononcé
MM.		
BALCONE, Anselme	à Fransart.	Entreprise générale.
BALLET et DOUDET	à Grivillers.	id.
Ve **BALZER**	à Cernay (Alsace).	id.
BANCEL, Henri	83, rue Petit, à Paris.	Maçonnerie, Charpente.
BARBARE, Léon	à Roisel.	Menuiserie.
BARET, Elie	28, rue Turenne, à Grenoble (Isère).	id.
BARRE, Eugène	à Corbie.	Plâtrerie.
BARIAT frères	à Chaulnes.	Maçonnerie, Béton armé.
BAUCHARD, Albert	à Roisel.	Couverture, Plomberie.
BAUDRY, Paul	à Corbie.	Peinture, Vitrerie.
BAZETOUX, LEFÈVRE et GUINOT	à Rosières.	Entreprise générale.
BAZIN, Alexandre	à Dommartin.	Maçonnerie.
BAZIN, Gabriel	à Davenescourt.	Couverture, Zinguerie. (Davenescourt)
BEAUFILS et JUTHEAU	78, rue Vaneau, à Paris.	Entreprise générale.
Ve **BEAUMONT et BEAUMORT** Emile	27, quai Bourbon, à Paris.	id.
BEAUNÉ, Claude	à Assevillers (Somme).	Maçonnerie, Béton armé.
BÉDU, Alphonse	à Vrely.	Zinguerie, Plomberie.
BEFORT, Jacques	à Ham.	Peinture.
BELAY, Théodore	à Fransart.	Entreprise générale.
BELLETTE, Edouard	9, rue Bellevue, à Amiens.	Zinguerie, Plomberie.
BELLIARD, Louis	à Blou (Maine-et-Loire).	Entreprise générale.
BELLOT, J.-B.	à Tricot (Oise).	Maçonnerie.
BELMÈRE, Henri	à Heilly (Somme).	Couverture, Zinguerie.
BENOIST, Arthur	à Marcelcave.	Peinture, Vitrerie.
BENOIT, Lucien	à Hargicourt-Pierrepont.	Entreprise générale.
BERATO, Auguste	36, boulevard Carnot, à Amiens.	id.
BERGER, Alexandre	40, rue Brancion, à Paris.	Charpente.
BERLANCOURT, Paul	à Ercheu (Somme).	Maçonnerie.
BERLINGEN, Jules	à Hangest-en-Santerre.	Maçonnerie, Briqueterie.
BERNARD, Camille	à Corbie.	Serrurerie.
BERNARD, GALLOIS, DUPAS.	Boulev. de la Liberté, à Cambrai (Nord).	Entreprise générale.
BERNAVILLE, Horace	8, rue Alphonse-Paillat, à Amiens.	Peinture, Vitrerie.
BERNAVILLE, Paul	à Péronne.	Peinture.
BERNERON, François	66, rue Saint-Sabin, à Paris.	Charpente en fer, Serrurerie.
BERNIER et GEFFROY	3, place du Théâtre Français, à Paris.	Entreprise générale.

NOMS ET PRÉNOMS des Entrepreneurs ou Raison Sociale de l'Entreprise	ADRESSES	SPÉCIALITÉ pour laquelle l'agrément a été prononcé
MM.		
BERRY, Joseph	à Montdidier.	Maçonnerie. (Montdidier).
BERTHE, Henri	à Corbie.	Entreprise générale.
BERTHE, Louis	49, rue Gresset, à Amiens.	Peinture, Vitrerie.
BERTHE-PRUVOT	à Saint-Ouen (Somme).	Menuiserie, Charpente.
BERTIER et **ZAVERY**	27, rue Saint-Marcel, à Metz.	Entreprise générale.
BERTIN, Jean	37, rue Charles-Dubois, à Amiens.	Plafonnage, Electricité.
BERTOUX et **MARUEL**	à Nesle.	Maçonnerie, Plâtrerie, Carrelage.
BERTOUX, Arsène	à Marcelcave.	Peinture, Vitrerie.
BERTOUX, Pierre	à Nesle.	id.
BERTRAND, Auguste	19, rue du Parc, à Charenton (Seine).	Entreprise générale.
BERTRAND, Léon	à Corbie.	Peinture, Vitrerie.
BERTRAND, Paul	à Nesle.	Entreprise générale.
BEURRIER, Edouard	à Nesle.	Peinture, Vitrerie.
BEYAERT, Kléber	à Ham.	Distribution eau et gaz.
BILZ, Edouard	à Sainte-Marie-aux-Mines.	Couverture, Zinguerie, Plomberie.
BISART, Albert	à Corbie.	Entreprise générale.
BIZAT, Léon	à Sainte-Radegonde (Somme).	id.
BLANCHE, Ernest	15, rue Danton, Les Aydes (Loiret).	Plâtrerie.
BLANCHET, Jean	123, rue de la Réunion, à Paris.	Entreprise générale.
BLANCHET, Théodule	à Corbie.	Plafonnage.
BLANGIS, Raoul	à Rosières.	Plomberie, Zinguerie.
BLÉRIOT, Albert	à Roisel.	Menuiserie.
BLONDEAU, Eugène	à Bayonvillers.	Maçonnerie.
BLONDEL, André	Grande-Rue, à Précy-sur-Oise.	Entreprise générale.
BLONDELON, Gaston	à Roye.	Maçonnerie, Plâtrerie.
BLONDIEAU, François	à Douilly.	Maçonnerie.
BOCQUERY, Georges	à Mézières-en-Santerre.	Charpente, Menuiserie.
BOCQUET-DAILLY	à Péronne.	Menuiserie.
BOCQUET, Marcel	à Beuvraignes.	Serrurerie.
BOCQUET-QUESNEL	à Cayeux-sur-Mer.	Entreprise générale.
BODIN père et fils	à Roye.	Peinture, Vitrerie.
BOISDIN et **LIGNIER**	à Ham.	Entreprise générale.
BOITEL, Fernand	26, rue Robert-de-Luzarches, à Amiens.	id.
BOLZÉE, Louis	à Fransart.	id.
BOMBOIS, André	2, rue Valette, à Paris.	Menuiserie, Serrurerie.
BOMMELLE et Cie	3, rue de Valenciennes, à Paris.	Entreprise générale.

NOMS ET PRÉNOMS des Entrepreneurs ou Raison Sociale de l'Entreprise	ADRESSES	SPÉCIALITÉ pour laquelle l'agrément a été prononcé
MM.		
BONARDEL-ARGENTY	181, rue du Montet, à Nancy.	Entreprise générale.
BONFILS et TORREL	à Péronne.	id.
BONNAIRE, Ernest	à Ham.	Electricité.
BONNARD, Arthur	91, rue Enguerrand, à Amiens.	Peinture, Vitrerie.
BONNET, Nicolas	8, rue du Chemin de fer, à Saint-Denis.	Maçonnerie.
BONTEMPS, Henri	Rue des Longitudes, à Saint-Quentin.	Menuiserie.
BORDIER, Anatole	à Péronne.	Entreprise générale.
BORÉ-TRIPET	à Roye.	Couverture.
BORNE et BERTIN	64, rue Condorcet, à Paris.	Entreprise générale.
BOSREDON, Antonin	à Nesle.	Couverture, Plomberie, Zinguerie, Electricité.
BOUCHARD, Fernand	à Moreuil.	Menuiserie.
BOUCHARDON-GERVAIS	à Mesnil-Saint-Nicaise.	Maçonnerie.
BOUCHENOIR, André	121, rue Manin, à Paris.	id.
BOUCHER, Louis	à Beuvraignes.	Couverture, Zinguerie, Plomberie.
BOUCHER, Emile	à Warvillers.	Charpente.
BOUCHER, Pierre	id.	Menuiserie.
BOUCHEREAUX et Cie	9, rue André, à Amiens.	Peinture.
BOUGNÈRES, Henri	à Braches.	Menuiserie.
BOULANGER, Emile	au Quesnel.	Couverture, Zinguerie.
BOULE, Pierre	à Harnes (Pas-de-Calais).	Charpente.
BOULNOIS et CASTEL	à Roye.	Peinture, Vitrerie.
BOULOGNE-MASSIN	id.	Marbrerie, Sculpture.
BOUQUET, Adrien	à Sancourt.	Menuiserie.
BOURDIN, Paul	114, boulevard de la Chapelle, à Paris.	Couverture, Plomberie.
BOURDON, Augustin	à Jumel (Somme).	Maçonnerie.
BOURGEOIS, Edmond	à Carrépuits.	Menuiserie.
BOURLON, Félix	à Voyennes.	Couverture, Zinguerie.
BOURSE, Gédéon	à Marquivillers.	Maçonnerie.
BOURSE, Moïse	à La Boissière.	id.
BOUSSELY, ADHUMEAU, MACQUART et Cie	23, rue des Anglaises, à Cambrai.	id.
BOUTEL, Hippolyte	à Villers-Tournel.	Couverture.
BOYRON (Etablissements)	80, route de Paris, à Compiègne.	Entreprise générale.
BRAHIC, H.	à Villers-Bretonneux.	id.
BRANLE, Jean	à Cachy.	id.
BRAUNSTEIN, Charles	193, avenue de Saxe, à Lyon.	Chauffage central.

NOMS ET PRÉNOMS des Entrepreneurs ou Raison Sociale de l'Entreprise	ADRESSES	SPÉCIALITÉ pour laquelle l'agrément a été prononcé
MM.		
BREHAIN, Ferdinand	à Vieux-Leuze (Belgique).	Entreprise générale.
BRESSON, Henri	88, place Saint-Jacques, à Paris.	id.
BRETEL, Fernand	à Péronne.	Peinture, Vitrerie.
BRÉVIÈRES, Louis	199, rue des Arts, à Roubaix.	Entreprise générale.
BRIDELLE, Jules	323, rue Saint-Honoré, à Amiens.	Marbrerie.
BRILLANT, Emile	à Montdidier.	Ferblanterie, Zinguerie.
BRINGER, Louis	184, boulevard Malesherbes, à Paris.	Entreprise générale.
BROCHARD et Cie	18, rue de Bretagne, à Angers (Maine-et-Loire).	Maçonnerie.
BROUSSE, Camille	à Harbonnières.	Zinguerie.
BROUSSEAUD, Marie-Elie	13, rue Navier, à Paris.	Entreprise générale.
Ve A. BRUNEL	30 *bis*, rue Martin-Bleu-Dieu, à Amiens.	Menuiserie, Charpente.
BRUNEL, Arthur	à Grivesnes.	Menuiserie.
BRUNEL, Désiré	à Guerbigny.	Plafonnage.
BRUNET, J.-B.	à Bray-sur-Somme.	Entreprise générale.
BUFFET, André et Cie	13, rue de Boulainvillers, à Paris.	id.
BUISINE (Etablissements)	154, rue de Solférino, à Lille.	Travaux d'art religieux et civils.
BUISSOT, Gaston	à Roisel.	Serrurerie.
BULLOZ, Alfred	à Monchy-Lagache.	Charpente.
BUREAU, Eugène	à Pargny.	Menuiserie.
BURETTE, Louis	à Montdidier.	Entreprise générale.
BURGGRAËVE, Adolphe	à Chaulnes.	id.
BUSSIÈRE et BIRAT	à Pargny.	Maçonnerie.
CADET-RICHARD	à Bray-sur-Somme.	Peinture.
CAILLON fils	à Saivres près Saint-Maixent (Deux-Sèvres).	Entreprise générale.
CALLOT-DUCANGE	à Fouilloy-lès-Corbie.	Zinguerie.
CAMPAZZI et DECUIGNIÈRES	31, rue du Polonceau, à Paris.	Entreprise générale.
CAMPENON, BERNARD et Cie	22, rue de l'Arcade, à Paris.	id.
CAMUS, Elmir	à Méharicourt.	Menuiserie.
CAMUS, Joseph	à Moreuil.	Charpente en fer.
CAMUS, Henri	101, cours de la République, au Havre.	Entreprise générale.
CAMUZAT, QUÉLET, GUILMAIN	14, rue St-Georges, à Cambrai (Nord).	id.
CANCHON, Julien	à Méricourt-l'Abbé.	Couverture, Plomberie, Zinguerie.
CANDILLON, Fernand	à Breteuil-sur-Noye.	Entreprise générale.

NOMS ET PRÉNOMS des Entrepreneurs ou Raison Sociale de l'Entreprise	ADRESSES	SPÉCIALITÉ pour laquelle l'agrément a été prononcé
MM.		
CAPELLE, Auguste	à Villers-Bretonneux.	Couverture, Plomberie, Zinguerie.
CAPELLO, Henri	12, rue des 4 Crosses, à Arras.	Entreprise générale.
CAPILLIEZ, Edouard	à Roisel.	Plâtrerie.
CARDINE et DIONISI	Quai du Nord, à Elbeuf (S.-I.).	Entreprise générale.
CARDON, Edmond	à Rosières.	Maçonnerie.
CARDON, Jean	id.	id.
CARDON-DIZY	à Vrely.	Couverture.
CARLIER, Ernest	à Athies.	Charpente.
CARLIER, Charles	à Mesnil-Saint-Nicaise.	id.
CARON-MERCIER	à Gerisy-Gailly.	Menuiserie.
CARPENTIER, Félix	à Fouilloy-lès-Corbie.	Couverture.
CARPENTIER-DAZIN	à Nesle.	Menuiserie, Charpente.
CARRÉ, Emile	à Cayeux-sur-Mer.	Maçonnerie.
CARRÉ et JACOB	28, rue Saint-Martin, à Amiens.	Zinguerie, Plomberie.
CARRISSIMOUX-DUMORTIER	à Moreuil.	Maçonnerie.
CARTIGNY, François	à Avesnes-le-Sec (Nord).	Entreprise générale.
CASSEL, André	à Cappy.	Maçonnerie.
CASTEL, Octave	à Licourt.	Entreprise générale.
CATONNET, Louis	à Roye.	Menuiserie.
CAUET et CORNET	à Senlis-le-Sec.	Charpente, Menuiserie.
CAUSSIN et TOURNAY	à Roye.	Menuiserie, Quincaillerie.
CAUSSIN, Henri	à Marchélepot.	Maçonnerie.
CAVEL, Albert	à Nesle.	Maçonnerie, Carrelage.
CAVENEL, Georges	à Ercheu.	Maçonnerie.
CAVY, Emile	à Eclusier-Vaux.	Menuiserie.
CAZÉ, Henri	à Roisel.	Peinture, Vitrerie.
CAZIER-LAMBERT	à Longpré-les-Corps-Saints.	Menuiserie.
CERCIAT, Henri	3, rue Lemaistre, au Havre.	Couverture, Plomberie, Chauffage.
CÉRATO, Martino	à Epehy.	Entreprise générale.
CERTOUX, Charles	19, boulevard de Grenelle, à Paris.	Maçonnerie.
CHABREDIER et POISSONNIER	à Albert.	id.
de la CHAISE, Pierre	à Cagny.	id.
CHAMPEAUX fils	8, rue Jean-Daudin, à Paris.	Entreprise générale.
CHANTREAU, Louis	à Monchecourt (Nord).	id.
CHAPELLE, DEVILLERS et Cie	26, rue Ste-Adélaïde, à Versailles.	Maçonnerie, Béton armé.
CHARBONNET et CROCHET	9, rue du Cherche-Midi, à Paris.	Peinture, Vitrerie, Tentures.

NOMS ET PRÉNOMS des Entrepreneurs ou Raison Sociale de l'Entreprise	ADRESSES	SPÉCIALITÉ pour laquelle l'agrément a été prononcé
MM.		
CHARLET, Georges	à Mons-en-Chaussée.	Entreprise générale.
CHARLOT et BARBIER	120, boulevard Voltaire, à Paris.	Couverture, Plomberie.
CHARLOT, Philippe	13, allée Kruger, à Pavillons-sous-Bois.	Charpente, Menuiserie.
CHARPENTIER, L.	51, boulevard Vert-de-Saint-Julien, à Meudon.	Entreprise générale.
CHASSAGNOUX, Robert	à Monchy-Lagache.	Couverture, Plomberie, Zinguerie, Fumisterie.
CHASSAING, Gustave	à Rosières.	Maçonnerie, Plâtrerie.
CHATEAU et GATEAU	à Roye.	id.
CHATELAIN, André	à Cappy.	Menuiserie, Charpente.
CHAUMAT, Antoine	8, rue de Marseille, à Paris.	Peinture, Vitrerie.
CHAUVAIN, Constant	à Rosières.	Entreprise générale.
CHÉNOT, Louis	26, rue Brey, à Paris.	Couverture, Plomberie.
CHEVALLIER et Cie	à Ham.	Entreprise générale.
CHEVANCE, Adolphe	à Corbie.	Charpente, Menuiserie.
CHEZE frères	47, rue Jean-Jacques-Rousseau, à Issy-les-Moulineaux.	Menuiserie.
CHIREIX, François	222, avenue de Paris, à Niort (Deux-Sèvres).	Entreprise générale.
CHOPART-JOSSE	à Tertry.	Menuiserie.
CHOQUET, Léon	à Villers-Bretonneux.	Peinture.
CHOUARD, Jules	105, rue Saint-Lazare, à Paris.	Entreprise générale.
CHRISTOPHE, Henri	101, chaussée du Bois, à Abbeville.	Menuiserie.
CLAIDIÈRE, R.	8, rue Lamartine, à Amiens.	Entreprise générale.
CLAIREAUX, Marie-Joseph	à Châtillon-aux-Bagneux (Seine).	id.
Ve E. CLAUDE et G. EILERTSEN	4, rue de Staël, à Paris.	Fumisterie, Chauffage, Ventilation.
CLAUSTRAT (Etablissements)	à Ribécourt (Oise).	Entreprise générale.
CLÉDAT, Philippe	39, avenue Balzac, à Ville d'Avray.	Maçonnerie.
CLÉMENT, François	89, rue Baron, à Reims.	Entreprise générale.
CLIN, Eugène	à Wiencourt-l'Equipée.	Menuiserie.
COCHU, Gaston	avenue Marceau, à Noisy-le-Sec.	Maçonnerie.
COGNEVILLE, Henri	au Quesnoy-en-Santerre.	Entreprise générale.
COL (Etablissements)	56, faubourg Saint-Honoré, à Paris.	id.
COLLENAY, Henry	11, rue Boyenval, à Compiègne.	id.
COLIN et Cie	136, boulevard du Raincy, à Gargan-Livry.	Constructions métalliques et mécaniques.
COMBEAU, Armand	à Ennemain.	Entreprise générale.

NOMS ET PRÉNOMS des Entrepreneurs ou Raison Sociale de l'Entreprise	ADRESSES	SPÉCIALITÉ pour laquelle l'agrément a été prononcé
MM.		
COME et VASSE	32, rue de l'Amiral-Lejeune, à Amiens.	Peinture, Vitrerie.
Cie Centrale d'Entreprise	101, rue Nationale, à Lille.	Entreprise générale.
Cie d'Entreprises et de Constructions	65, rue Saint-Lazare, à Paris.	id.
Cie d'Entreprises hydrauliques et Travaux publics	25, rue de Courcelles, à Paris.	id.
Cie Industrielle et Minière du Nord et des Alpes	à Saint-Ouen (Seine).	id.
Cie Provinciale de Constructions.	4, rue Nouvelle, à Paris.	id.
Cie Saint-Quentinoise de Travaux métalliques	20, rue Godot-de-Mauroy, à Paris.	id.
Comptoir général des Entrepreneurs de la Ville de Tourcoing et ses cantons	20, rue des Orphelins, à Tourcoing.	id.
Comptoir général du Logement économique	55, avenue Hoche, à Paris.	id.
CONREUR, Victor	à Thaiut (Nord).	Menuiserie.
CONTESSO, Joseph	à Lamotte-en-Santerre.	Entreprise générale.
Constructions et grandes Entreprises de France	16, rue Abbé-de-l'Epée, à Paris.	id.
CONVERSANT, Georges	à Brouchy (Somme).	id.
COPPÉ, Lucien	à Marchélepot.	Couverture.
CORDIER, Georges	à Rosières.	Peinture, Vitrerie.
COTTRET, Georges	à Ham.	Menuiserie.
COUDÉ et DALBŒUF	177, rue Etienne-Marcel, à Montreuil.	Entreprise générale.
COUDER, Fernand	à Roisel.	Zinguerie, Serrurerie.
COUILLET, Paul	à Bouzincourt.	Maçonnerie.
COUPÉ, Louis	à Péronne.	Zinguerie, Plomberie.
COURBOULEIX, Henri	à Harbonnières.	Couverture, Zinguerie.
COURTOIS, Léon	32, rue Saint-Honoré, à Amiens.	Serrurerie, Quincaillerie.
CRAPPIER, Eugène	à Davenescourt.	Entreprise générale.
CRAPPIER, Lucien	à Caix.	Charpente, Menuiserie.
CROCHU, Zéphir	à Ailly-sur-Noye.	Menuiserie.
CROISILLE, Auguste	à Albert.	Couverture, Zinguerie.
CROIX-LOYSON	à Flamicourt.	Charpente.
CROIZET, Eugène	18, rue des Patriotes, à Saint-Quentin.	Entreprise générale.
CROZE, Félix	à Albert.	Maçonnerie.
CUGNY, Arthur	à Etinehem.	Charpente.

NOMS ET PRÉNOMS des Entrepreneurs ou Raison Sociale de l'Entreprise	ADRESSES	SPÉCIALITÉ pour laquelle l'agrément a été prononcé
MM.		
CUSSAC, E. et C.	6, rue du Cayla, à Courbevoie-Bécon.	Couverture, Plomberie, Electricité.
CUSSAC, Henri	64, avenue du Général-Foy, à Amiens.	Entreprise générale.
CUSSAC, Maurice	à Clermont (Oise).	Charpente.
DAILLANT, Georges	à Montdidier.	Entreprise générale.
DALLIÈRE, Georges	à Albert.	id.
DALLOZ, Victor	à Méaulte.	Maçonnerie.
DALOT, Constant	à Albert.	Entreprise générale.
DANTON, Emile	à Ham.	id.
DARÈNE, TERCY, BARNONCEL, TERRIET	60, rue Saint-André-des-Arts, à Paris.	id.
DARRAS, Arthur	à Bray-sur-Somme.	Maçonnerie.
DARRAS, Paul	à Corbie.	Couverture.
DARTIGUEPEYROU et Cie	46, rue de Provence, à Paris.	Entreprise générale.
DAUSSY, Alfred	à Dreuil-lès-Amiens.	id.
DAVION, Abel	à Guillaucourt.	Menuiserie, Charpente.
DEBACHY, Jules	113, boulevard de la Liberté, à Lille.	Entreprise générale.
DEBENAIS-TRINQUESSE	à Moreuil.	Charpente.
DEBLED, Maurice	16, rue du Mail, à Rouen.	Entreprise générale.
DEBOUT, Gontrand	à Rosières (Somme).	Peinture, Vitrerie.
DEBRAS-VASSEUR	à Cerisy-Gailly.	Entreprise générale.
DEBRIE et Cie	à Montdidier.	Peinture, Vitrerie.
DECAIX-DEUZET	à Etelfay.	Menuiserie.
DECAUX et BAECK	à Péronne.	Entreprise générale.
DEFANTI, Henri	68, avenue du Général-Michel-Bizot, à Paris.	id.
DEFLANDRE, Albert	à Villers-Bretonneux.	Menuiserie, Serrurerie.
DEGALLAIX, Léon	21, boulevard du Câteau, à Roubaix.	Entreprise générale.
DEGRÈVE, René	à Ribemont-sur-Ancre.	Maçonnerie.
DEGROS, François	31, rue d'Amiens, à Noyon.	Entreprise générale.
DEHAN-MINET	à Cappy.	Couverture, Zinguerie.
DÉJARDIN, Louis	à Roye.	Plomberie.
DELACROIX, Raoul	à Mézières-en-Santerre.	Peinture, Vitrerie.
DELACROIX, Victor	à Péronne.	Entreprise générale.
DELAIGLE, Paul	à Lempire (Aisne).	Charpente.
DELAME-DUPUIS	au Ronssoy (Somme).	Maçonnerie.
DELAROCHE, FONVILLE et Cie	22, rue François-Bouvin, à Paris.	Chauffage.
DELATTRE, Alphonse	à Ham.	Marbrerie.

NOMS ET PRÉNOMS des Entrepreneurs ou Raison Sociale de l'Entreprise	ADRESSES	SPÉCIALITÉ pour laquelle l'agrément a été prononcé
MM.		
DELATTRE, Georges	21, route d'Albert, à Amiens.	Entreprise générale.
DELAU, Charles	11, rue Dareau, à Paris.	id.
DELAUNAY, Maurice	à Beaucourt-en-Santerre.	Maçonnerie.
DELAVENNE, Jules	à Marchélepot.	Menuiserie.
DELECHENAULT et Cie	164, avenue de Clichy, à Paris.	Maçonnerie.
DELIGNIÈRES, Georges	à Rollot.	Couverture.
DELLEUR et Cie	38, rue Saint-Fuscien, à Amiens.	Entreprise générale.
DELLIER, Hector	à Vaire-sous-Corbie.	Maçonnerie.
DELORME, Léon	à Doingt-Flamicourt.	Plâtrerie, Ciment.
DELORME et **CAHEN**	15, rue du Général-Beuret, à Paris.	Entreprise générale.
DELPLANQUE frères	à Daours.	Maçonnerie.
DELPLANQUE-LEROY	à Mailly-Maillet.	Plafonnage.
DELPORTE, Emile	à Roye.	Menuiserie.
DELPRAT, Jean	à Bouvincourt.	Entreprise générale.
DELPRAT, Jacques	à Peyrusse-Mazas (Gers).	Maçonnerie.
DEMAISON, Maximilien	à Rosières.	Charpente, Menuiserie.
DÉMARET, Charles	à Eppeville-Verlaines.	Peinture, Vitrerie.
DEMAY, frères	30, rue Payen, à Reims.	Entreprise générale.
DEMENJON frères et Cie	209, boulevard Raspail, à Paris.	id.
DEMOULIN, Gaston	à Harbonnières.	Menuiserie.
DENANT-TELLIER	à Corbie.	Plomberie, Zinguerie.
DENIS, Eugène	59, rue Gambetta, à Saint-Ouen.	Couverture, Zinguerie, Plafonnage.
DENIS, Henri	à Bray-sur-Somme.	Menuiserie.
DEQUEN et **SIMON**	à Roye.	Maçonnerie.
DERIVERY, Eugène	16, rue Saint-Honoré, à Amiens.	Zinguerie, Couverture.
DESAIMARD frères	55 *bis*, avenue de Clairoix, à Margny-lès-Compiègne.	Entreprise générale.
DESCHAMPS, François	à La Guerche (Cher).	Maçonnerie.
DESHAYES, Georges	3 *bis*, rue Bleue, à Paris.	Entreprise générale.
DESJARDINS-GELLÉ	à Roisel.	Menuiserie.
DESOIL, Clément	à Nesle.	Entreprise générale.
DESPAGNAT et **LEFAURE**	129, rue Lamarck, à Paris.	id.
DESPLATS, Jean	21, place de la Madeleine, à Paris.	id.
DESPONTIN, Louis	à Fouilloy-lès-Corbie.	Peinture, Vitrerie.
DESQUESNES, Aristide	44, rue Blanche, à Paris.	Charpente, Menuiserie.
DESROSIERS, Alfred	104, rue Lafayette, à Paris.	Entreprise générale.
DESTREBECQ, Edmond	7, boulevard Carnot, à Lille.	id.
DEUDON et fils	50, rue des Grands-Champs, à Paris.	Parquets.
DEVAUX, Léon	Rue de Madagascar, à Rouen.	Entreprise générale.
Ve **DEVAUX** et fils	12, rue de Sévigné, à Paris.	Serrurerie.

NOMS ET PRÉNOMS des Entrepreneurs ou Raison Sociale de l'Entreprise	ADRESSES	SPÉCIALITÉ pour laquelle l'agrément a été prononcé
MM.		
DEVEAUX-LAMBOTTE	17, rue Hurtebise, à Compiègne.	Charpente.
DEVILLERS, Georges	à Thennes.	Maçonnerie.
DEVILLERS, Gustave	à Harbonnières.	Menuiserie.
DEVOYER, Pierre	35 *bis*, avenue des Batignolles, à Saint-Ouen.	Menuiserie, Charpente.
DEVRAINNE, Fernand	à Roisel.	Menuiserie.
DEVULDER, Jules	19, rue des Capucins, à Amiens.	Couverture, Plomberie, Plafonnage.
DHEILLY, Anatole	13, boulevard Guyencourt, à Amiens.	Entreprise générale.
DIDRY, H. et A.	65, rue de Belfort, à Roubaix.	Charpente, Menuiserie.
DIGAUD, Alexandre	à Marchélepot.	Charpente.
DIGAUD, Joseph	à Cachy.	Couverture, Plomberie.
DIGEON, André	à Harbonnières.	Peinture, Vitrerie.
DINGEON, Raymond	1, rue des Teinturiers, à Abbeville.	Peinture, Vitrerie, Plafonnage.
DOBEL, Lucien	à Hangest-en-Santerre.	Peinture, Vitrerie.
DOTTIN, Arthur	à Marcelcave.	Charpente.
DOUBLET, Eugène	à Roisel.	Entreprise générale.
DOUBLET, Louis	à Ham.	Peinture, Vitrerie.
DOURNEL, Henri	à Roye.	id.
DOUSSIN, François	à Vermand (Aisne).	Maçonnerie.
DOUVILLEZ, Victor	à Harbonnières.	Couverture, Plomberie, Zinguerie.
DRU, François	74, rue Saint-Jacques, à Amiens.	Peinture.
DRUINE, Aimé	à Liancourt-Fosse.	Maçonnerie.
DUBERGEY, Armand	à Blérancourt.	id.
DUBOIS, Camille	à Marcelcave.	Menuiserie.
DUBOIS, Léon	à Cappy.	Maçonnerie.
DUBOSQUEILLE, Léon	à Rosières.	Marbrerie funéraire.
DUCASTEL, Alfred	à Corbie.	Charpente.
DUCENTIER, Joseph	à Suzanne.	Menuiserie.
DUCHATEAU, Lucien	à Moreuil.	id.
DUCHÊNE, Georges	à Villers-Bretonneux.	Peinture, Vitrerie.
DUCHEREAU, Marcel	16, avenue d'Orléans, à Paris.	Entreprise générale.
DUCROQUET, Alfred	8, rue Pointin, à Amiens.	Serrurerie.
DUCROS (Etablissements)	246, boulevard Jean-Jaurès, à Billancourt.	Entreprise générale.
DUDICOURT, Etienne	à Roye.	Maçonnerie, Plâtrerie.
DUFLOS, Arthur	à Etelfay.	Couverture, Zingage, (Etelfay et Faverolles).

NOMS ET PRÉNOMS des Entrepreneurs ou Raison Sociale de l'Entreprise	ADRESSES	SPÉCIALITÉ pour laquelle l'agrément a été prononcé
MM.		
DUFLOS, Louis	à Coix.	Menuiserie, Vitrerie.
DUFOUR, Albert	7, boulevard Malesherbes, à Paris.	Entreprise générale.
DUFOUR, Claudius	à Albert.	Charpente et Hangars.
DUGENEST et CHOPLIN	à Rosières.	Menuiserie, Charpente.
DUGENEST, DESRIEUX et Cie	à Roye.	Charpente, bois, fer.
DUMOLARD, Auguste	14, rue Vauvenargues, à Paris.	Charpente, Menuiserie, Parquets.
DUMONT frères	à Mézières-en-Santerre.	Menuiserie.
DUMONT, Paul	à Fresnoy-lès-Roye.	Peinture, Vitrerie.
DUMONTIER, Abel	à Guerbigny.	Couverture.
DUMUIS et Cie	10, rue de Florence, à Paris.	Entreprise générale.
DUPAQUIER, Jean-Marie	à Bures (Meurthe-et-Moselle).	id.
DUPERCHE, Charles	à Bray-sur-Somme.	Charpente.
DUPRÉ, Jules	à Ercheu.	Couverture.
DUPREY, Charles	au Tréport (Seine-Inférieure).	Entreprise générale.
DUPUIS, Eugène	à Tilloloy (Somme).	Maçonnerie.
DUPUIS, CARPENTIER et Cie	à Montdidier.	id.
DUQUESNE, Georges	à Lamotte-en-Santerre.	Menuiserie.
DUQUESNOIS et VAUPETEGHEM	22, rue Faidherbe, à Watrelos (Nord).	Entreprise générale.
DURAND, Henri	15, avenue Jules-Ferry, à Cambrai.	id.
DURLET, Hubert	13, rue d'Achicourt, à Arras.	id.
DUSQUESNOY, Alfred	27, rue de l'Amiral-Perré, à Amiens.	Couverture, Plafonnage.
DUTOIT et fils	à Brie (Somme).	Maçonnerie.
DUVAUCHELLE, Victor	à Fignières.	Entreprise générale.
EMBLANS et LESEULTRE	25, rue de Lille, à Croix (Nord).	id.
EMRELLE, Camille	à Boves.	Zinguerie, Plomberie.
ENFER et MARTINIÈRE	à Matigny.	Entreprise générale.
Entreprise Coopérative	6, rue Daval, à Paris.	id.
Entreprise Française	44, rue des Mathurins, à Paris.	id.
Entreprise Générale	44, rue du Renard, à Paris.	id.
Entreprise Générale Industrielle de l'Est et du Nord	77, avenue Parmentier, à Paris.	id.
ESTRADE, Benoît	109, rue de Toul, à Nancy.	id.
Etablissements industriels de Nanterre et de Gennevillers	105, rue Saint-Lazare, à Paris.	id.
ETENNEMARE, Georges	à Bray-sur-Somme.	Menuiserie.
ÉTÉVÉ, J.-B.	à Hangest-en-Santerre.	Couverture.
EUGÈNE, H. et M.	à Ville-sur-Ancre.	Charpente.
EVERAERTS, Georges	à Gonnelieu (Nord).	Entreprise générale.

NOMS ET PRÉNOMS des Entrepreneurs ou Raison Sociale de l'Entreprise	ADRESSES	SPÉCIALITÉ pour laquelle l'agrément a été prononcé
MM.		
FAROUX, Léon	à Gruny.	Maçonnerie.
FAUR, Jean	à Ailly-sur-Noye.	Entreprise générale.
FAURY, Joannès	65, rue Rembault, à Amiens.	Charpente, Menuiserie.
FAVE, Achille	à Cerisy-Gailly.	Maçonnerie.
FÉDI, Albert	2, boulevard d'Alsace-Lorraine, à Amiens.	Entreprise générale.
FERNET frères	à Roye.	Peinture, Vitrerie.
FÉRON frères	à Nesle.	Entreprise générale.
FERRAND, Gabriel	105, rue Louis-Guérin, à Lyon.	Charpente, Menuiserie.
Ve **FERTELLE-PETIT**	à Corbie.	Couverture.
FICHEUX, Noël	à Achiet-le-Grand (P.-de-C.).	Entreprise générale.
FILLIOUX, Eugène	au Quesnel.	id.
FIQUET, Eloi	à Moreuil.	Maçonnerie.
FLABEAU et **NINOVE**	37, boulevard du Nord, à Saint-Quentin.	Entreprise générale.
FLANDRE, Gabriel	179, rue Saint-Fuscien, à Amiens.	id.
FLANDRIN, Albert	à Goyencourt.	Maçonnerie.
FLESSELLES, Achille	à Beauquesne.	Entreprise générale.
FLINOIS, Henri	à Moreuil.	Peinture, Vitrerie.
FLOURY, Léon	à Ailly-sur-Noye.	Menuiserie.
FOINETEAU, Georges	à Caix.	Entreprise générale.
FOLLET, Joseph	à Péronne.	id.
FONTAINE, Henri	rue d'Austerlitz, à Compiègne.	Peinture, Vitrerie.
FONVILLE, Marie	(Voir Delaroche).	Chauffage.
FORGEOT, Théophile et Olivier.	6, rue Bleue, à Paris.	Maçonnerie, Béton armé.
FORGET et Cie	13, rue Tiblette, à Paris.	Couverture, Plomberie.
FOSCALE et **DANGON**	à Moreuil.	Peinture, Vitrerie.
FOUQUAERT, Georges	22, rue Louis-Bègue, à Boulogne-sur-Mer.	Entreprise générale.
FOURNEAUX, Victor et Cie	à Cachy (Somme).	id.
FOURNET, Paul	à Hangest-en-Santerre.	Charpente.
FOURNIER, Maurice	à Roye.	Menuiserie.
FOURNIER et **HUILLE**	à Tricot (Oise).	Maçonnerie.
FOURRIÈRE, Arthur	à Péronne.	Charpente.
FOURY, François	22, rue Saint-Paul, à Paris.	Constructions de fours et cheminées d'usines.
FOYARD, Eugène	à Nesle.	Plâtrerie.
FRANÇAIS et **DUBOIS**	à Corbie.	Entreprise générale.
FRANÇOIS, Alfred	à Hangest-en-Santerre.	Charpente.
FRANÇOIS, Lucien	à Treux.	Menuiserie.
FRANQUEVILLE, Charles	à Mons-en-Chaussée.	Peinture, Vitrerie.

NOMS ET PRÉNOMS des Entrepreneurs ou Raison Sociale de l'Entreprise	ADRESSES	SPÉCIALITÉ pour laquelle l'agrément a été prononcé
MM.		
FRAPIER, Marcel	à Tilloloy.	Menuiserie.
FRETIÈRE, Désiré	2, rue J.-B.-Clément, à Caudry (Nord).	Chauffage central et installations sanitaires.
FROMENTIN, Gustave	à Folies.	Couverture, Zinguerie.
FROMOND, Julien	à Gaillon (Eure).	Peinture, Vitrerie.
FROUGIER, Roger	à Rosières-de-Picardie.	Entreprise générale.
GALLOIT, Jean et Cie	à Chavigny (Meurthe-et-Moselle).	id.
GASTEBOIS, François	à Ham.	Menuiserie.
GAUCHY, Raoul	48, rue Taitbout, à Paris.	Couverture, Plomberie.
GAUDEFROY, Albert	à Roye.	Serrurerie.
GAUDIN, Charles	à Corbie.	Peinture.
GAUDION, André	à Moreuil.	Maçonnerie.
GAUTHIER, Achille	74, avenue Aubert, à Vincennes.	Sculpture décorative.
GAUTHIER, Alphonse	30, rue des Maçons, à Saint-Quentin.	Chauffage central.
GAUTHIER, André	à Plessier-Rozainvillers.	Maçonnerie.
GAUTHRONET et fils	120, boulevard Montparnasse, à Paris.	Entreprise générale.
GAYE, Théodore	à Guerbigny.	Zinguerie.
GENSSE, Maurice	à Etinehem.	Menuiserie.
GENSE, Théodore	à Fouilloy-lès-Corbie.	Menuiserie, Charpente.
GEOFFROY, Victor	à Laucourt.	Peinture, Vitrerie.
GEORGES, Henri	9, rue Carnot, à Compiègne.	Serrurerie.
GERVAIS, Jules	à Roye.	Maçonnerie, Marbrerie.
GERVOIS et **GILIBERT**	17, rue du Grand-Vidame, à Amiens.	Electricité.
de **GÉSINCOURT**, Julien	49, boulevard Haussmann, à Paris.	Entreprise générale.
GERVINNER et **BOULLET**	19, rue Laperoux, à Pantin.	Menuiserie, Charpente.
GIBILI-MORIN, J.-B.	à Fouilloy-sous-Corbie.	Charpente.
GILLES-THORY, A.	à Beuvraignes.	Charpente, Menuiserie.
GIOVANETTI, Antoine	à Aubvillers.	Entreprise générale.
GIRARD (Entreprise Louis **GIRARD**)	161, faub. Saint-Honoré, à Paris. 64, rue de Calais, à Beauvais.	id.
GIRARD, René	à Erchen.	id.
GLAUSER, Rodolphe	45, rue de Châteaudun, à Paris.	id.
GODARD, Maurice	9, rue d'Engoulvent, à Amiens.	Menuiserie, Charpente.
GODET, Albert	à Davenescourt.	Menuiserie. (Arrondist Montdidier).
GODFROY, Charles	74, rue de Rome, à Paris.	Couverture, Plomberie.

NOMS ET PRÉNOMS des Entrepreneurs ou Raison Sociale de l'Entreprise	ADRESSES	SPÉCIALITÉ pour laquelle l'agrément a été prononcé
MM.		
GOFFIN, René	48, rue de l'Epeule, à Roubaix.	Entreprise générale.
GOGUET, Ernest	à Nesle.	Maçonnerie.
GOMEL, Louis	à Moreuil.	Menuiserie.
GORET, Victor	à Roye.	Menuiserie, Charpente.
GOSSELIN, Edmond	à Bray-sur-Somme.	Plafonnage.
GOURDIN et LECOMTE	à Rethonvillers.	Menuiserie, Charpente.
GOUY, François	à Nesle.	Charpente.
GRANDMAISON, Jules	à Cartigny.	Entreprise générale.
GRAVET, Georges	à Beaucourt-en-Santerre.	Couverture, Plomberie.
GRÉGOIRE, Maurice	64, boulevard Pasteur, à Amiens.	Entreprise générale.
GRENET, Gustave	43, rue Guersant, à Paris.	Instal^{ons} de paratonnerres
GRENIER, Albert	à Berteaucourt-lès-Thennes.	Entreprise générale.
GRENOT, Marc	à Moreuil.	Couverture, Plomberie.
GREU et ROPIQUET	à Villers-Bretonneux.	Couverture, Zinguerie, Plomberie.
GRIGNON, Félix	à Rosières.	Entreprise générale.
GRIMAL, Joseph	id.	id.
GRIMAULT, Célestin	à Roye.	Maçonnerie.
GROS, Joseph	à Château-Salins (Moselle).	Entreprise générale.
GROSS, Raymond	à Eppeville.	Peinture, Vitrerie.
GROSSEMY, Arthur	à Chaulnes.	Zinguerie, Plomberie, Chauffage.
GRUJON et GALLAND	24, rue Delamorlière, à Amiens.	Spécialités de pierres.
GUÉDON frères	à Roye.	Charpente.
GUENNE et BAUDEMANT	60, rue des Jardins, à Amiens.	Peinture, Vitrerie.
GUÉRIN, Robert	19 *bis*, avenue Gambetta, à Clichy.	Entreprise générale.
GUIBON, Isidore	à Guerbigny.	Menuiserie, Charpente.
GUILLAUME et SONTAG	à Corbie.	Menuiserie.
GUILLEMAIN et MONTENDRO.	à Rosières.	Entreprise générale.
GUILLET, Armand	39, rue Taitbout, à Paris.	Maçonnerie, Travaux publics.
GUILLOT, Gaston	à Moreuil.	Peinture.
GUILMOTO, Henri	90, rue Lecourbe, à Paris.	Ciment armé.
GUIRALDENQ, Emile	à Montmédy (Meuse).	Entreprise générale.
GUISLAIN, Eugène	à Saint-Saulve (Nord).	Maçonnerie.
Ve GUYON et Cie	103, boulev. de l'Hôpital, à Paris.	Menuiserie, Charpente, Serrurerie.
HABERER, Jacques	à Villers-Bretonneux.	Charpente, Escaliers.
HACQ-BALIN	à Boves.	Maçonnerie.
HADENGUE, Achille	à Nesles.	Couverture, Zinguerie.
HALLOT, Emilien	à Belloy-en-Santerre.	Charpente.

NOMS ET PRÉNOMS des Entrepreneurs ou Raison Sociale de l'Entreprise	ADRESSES	SPÉCIALITÉ pour laquelle l'agrément a été prononcé
MM.		
HANNEQUIN, René	à Ailly-sur-Noye.	Entreprise générale.
HARDIER, Joseph	68, rue Saint-Honoré, à Amiens.	Menuiserie.
HAREL, Henri	à Nesle.	Peinture.
HAREUX, Théophile	à Villers-Bretonneux.	Charpente, Menuiserie.
HARMAND, Fernand	à Ham.	Peinture.
HATRY, Albert (Etablissements)	71, rue de Dunkerque, à Paris.	Chauffage central.
HECQUET, Charles	à Moreuil.	Plomberie sanitaire, Installations électriques.
HÉLITAS, Emile	31, rue du Faubourg-de-Hem, à Amiens.	Peinture.
HEMBECH, Ferdinand	à Nesle.	Menuiserie.
HENAUT, Edmond	à Tilloloy.	Maçonnerie.
HENON, Michel	à Etinehem.	Menuiserie.
HENRIOT, Anatole	131, route de Versailles, à Billancourt.	Menuiserie, Parquets.
HENRIOT, J.-B.	à Luvy (Nièvre).	Charpente.
HÉRISSÉ, Louis	à Arvillers.	Maçonnerie.
HEROUARD, Abel	31, rue de Cottenchy, à Amiens.	id.
HERVELEU, Léon	à Domart-sur-la-Luce.	id.
HÉRY, Henri	à Pierrepont-sur-Avre.	Couverture, Plomberie.
HUET, Marie-Joseph	à Nesle.	id.
HIERNAUX, Henri	à Roye.	Maçonnerie.
HILAIRE et AUDON	94, boulevard des Batignolles, à Paris.	Entreprise générale.
HOLLEVILLE, Eugène	à Fransart.	Couverture, Zinguerie.
HORY, Gustave	4 *bis*, rue du Docteur-Moret, à Dijon.	Entreprise générale.
HOYON, Henri	7, rue Francis-de-Sarcey, à Paris.	id.
HUGUENIN, Henri	321, rue Lecourbe, à Paris.	Charpente bois, fer.
HUNAULT, Alfred	à Rethonvillers.	Maçonnerie.
HUNAUT, Elisé	à Boulogne-la-Grasse (Oise).	id.
HUYGHE fils	67, rue Jean-Jaurès, à Croix-Roubaix.	Couverture, Plomberie.
ICARD, CHAMPION et MENIER	18, rue Royale, à Paris.	Couverture.
ISÈBE, Fernand	à Epehy.	Plâtrerie.
ISÈBE, Maurice	à Bernes.	Maçonnerie.
IZABEL frères	6, rue Simart, à Troyes.	Entreprise générale.
JACOB, Paul	122, rue Championnet, à Paris.	Couverture, Plomberie.
JACQUEMAIN, Albert	6, rue Barbarroux, à Clamart.	Electricité.

NOMS ET PRÉNOMS des Entrepreneurs ou Raison Sociale de l'Entreprise	ADRESSES	SPÉCIALITÉ pour laquelle l'agrément a été prononcé
MM.		
JACQUET, Gédéon	à Roye.	Couverture, Plomberie.
JACQUIOT et FRANQUET	127, chaus. Saint-Pierre, à Amiens.	Chauffage.
JANNIN, Louis	à Moreuil.	Couverture, Plomberie.
JAQUET, Pierre	18, rue d'Aubervillers, à Paris.	Entreprise générale.
JAQUET, PODEVAIN, FLANDRE et RASQUINET	16, rue des Cordeliers, à Amiens.	id.
JEANNOT, Désiré	à Villers-Bretonneux.	Marbrerie, Monuments funéraires.
JOANNÈS, Eugène	176, rue Jeanne-d'Arc, à Nancy.	Entreprise générale.
JOLY-VOITURIER	à Villers-Bretonneux.	Installations électriques.
JORON, Joseph (Etablissements)	45, rue des Acacias, à Paris.	Entreprise générale.
JOURDAIN, Gaston	45, rue Rembault, à Amiens.	id.
JOURDAIN, Henri	à Heilly.	Couverture, Zinguerie.
JOURNÉE, Georges	à Villers-Bretonneux.	Menuiserie.
JULIO, JOUANNAUD, FERRIEN et MORDEFROID	17, rue Vulpéan, à Paris.	Entreprise générale.
JUSSUREAUX, Louis	à Doingt.	Peinture.
KIEBBE, MEULENYSER et COPPENOLLE	21, rue de Rohan, à Roubaix.	Entreprise générale.
KURTZEMANN, Louis	23, rue de la Garenne, à Livry (Seine-et-Oise).	Charpente, Serrurerie, Menuiserie.
LABAYE et TEISSEIRE	16, boulevard de l'Hôtel-de-Ville, à Vichy. (Voir Brochard et Cie).	Entreprise générale.
LABOUREAU (Entreprise)	18, rue de Bretagne, à Angers.	Maçonnerie.
LACOSTE, Maxime	à Folies-en-Santerre.	Entreprise générale.
LACQUEMENT, Irénée	à Villers-Carbonnel.	Peinture, Vitrerie.
LACROIX, Emile	à Rouy-le-Grand.	Maçonnerie.
LALLEMENT, Vital	à Péronne.	Menuiserie.
LAMBERT, Emile	à Cappy.	Menuiserie, Charpente.
LAMBERT, Louis	à Méharicourt.	Menuiserie.
LAMBERT, Lucien	à Moreuil.	Entreprise générale.
LAMPIETTI, Thépohile	à Monchy-Lagache.	Peinture, Vitrerie.
LANCELOT, Antoine	26, rue Saussier-Leroy, à Paris.	Couverture, Plomberie.
LANCTUIT, Maurice	24, route de Rouen, à Vernon (Eure).	Entreprise générale.
LANDENWETSCH, Jules	8, rue Mercœur, à Paris.	Couverture, Plomberie.
LANDRU, Oscar	à Moyencourt.	Maçonnerie.
LANFRY, Georges	22, route de Dieppe, à Déville-lès-Rouen.	Entreprise générale.

NOMS ET PRÉNOMS des Entrepreneurs ou Raison Sociale de l'Entreprise	ADRESSES	SPÉCIALITÉ pour laquelle l'agrément a été prononcé
MM.		
LANGLAIS, BERMEL et Cie	à Cartigny.	Serrurerie.
LANTHONY, Philippe	104, avenue Daumesnil, à Paris.	Entreprise générale.
LAPIERRE, Charles	à Villers-Bretonneux.	Couverture, Plomberie.
LAPORTE, Alexandre	à Rosières.	Entreprise générale.
LAPORTE, Jean	à Moislains.	id.
LARIVIÈRE et Cie	170, quai Jemmapes, à Paris.	Couverture.
LARTIZIEN, Auguste	55, boulevard Henri-Martin, à Saint-Quentin.	Chauffage, Couverture, Plomberie.
LASSALLE et FIALEIX frères	à Harbonnières.	Entreprise générale.
LAURENSON, Georges	à Albert.	id.
LAVAIVRE, Lazare	184, chaussée Périgord, à Amiens.	id.
LAVEN, Léon	à Roye.	Chaudronnerie.
LAVERGNE, Gérard	3, rue de l'Hermite, à Arras.	Entreprise générale.
LÉAUTÉ, Emile	à Etampes (Seine-et-Oise).	id.
LEBELLE, Jean	à Cressy-Omencourt.	Couverture, Zinguerie.
LEBLANC, Fernand	à Nesle.	Menuiserie.
LEBLICQ, Gustave	à Albert.	Maçonnerie.
LE BOMIN, Louis	18, rue Greuze, à Paris.	Entreprise générale.
LEBREC, Léon	66, avenue de la Bourdonnais, à Paris.	id.
LECAT, Aurèle	à Nesle.	Menuiserie.
LECERF et LABLE	49, rue François-Delavigne, à Amiens.	Entreprise générale.
LECLERCQ, Gustave	10, rue de Tournai, à Mouscron (Belgique).	id.
LECOCQ-VAUSORT	à Plessier-Rozainvillers.	id.
LECŒUR, Pierre	17, avenue Ledru-Rollin, à Paris.	Béton armé.
LECOMTE, Edouard	175, rue de Solférino, à Lille.	Entreprise générale.
LECOMTE, Gaston	à Nesle.	id.
LECOQ, Auguste	à Roiglise.	Maçonnerie.
LECUREUX, Albert	35, rue de Cottenchy, à Amiens.	Peinture, Vitrerie.
LEDOUX, Elie	à Rosières.	Menuiserie.
LEDRU, André	144, rue de Beauvais, à Amiens.	Chauffage central.
LEDUC, André	à Roye.	Menuiserie.
LEDUC, LEMOINE, HEDBAUT	à Manancourt.	Entreprise générale.
LEFEBVRE, Adhellard	263, rue du Général-Foy, à Amiens.	Maçonnerie.
LEFÈVRE-DELÉENS	à Davenescourt.	Charpente.
LEFEBVRE et HARVENGT	à Fins.	Entreprise générale.
LEFEBVRE, Julien	à Demuin.	Couverture, Zinguerie.

NOMS ET PRÉNOMS des Entrepreneurs ou Raison Sociale de l'Entreprise	ADRESSES	SPÉCIALITÉ pour laquelle l'agrément a été prononcé
MM.		
LEFEBVRE, Léon	à Corbie.	Charpente.
LEFEBVRE, Paul	place Beauvoisine, à Rouen.	Maçonnerie.
LEFEBVRE, Pierre	à Roisel.	Peinture, Vitrerie, Plafonnage.
LEFORT, Henri	16, rue Saint-Antoine, à Paris.	Menuiserie, Parquets, Serrurerie.
LÉGER, Léopold	à Acheux.	Peinture, Vitrerie.
LEGRAND-FLEURI	à Marcelcave.	Menuiserie.
LEGRAND, Louis	à Moyencourt.	Couverture.
LEGRAND, Lucien	à Caix.	Peinture.
LÉGUILLIER, Léon	à Cartigny.	Entreprise générale.
LEISEING, Jacob	à Nouvion-le-Comte (Aisne).	id.
LEISEING, René	à Chilly.	id.
LEJEUNE, André	à Le Hamel (Somme).	id.
LEMASSON, Laurent	33, rue Traversière, à Paris.	Peinture.
LEMATTE, Louis	à Montdidier.	Entreprise générale.
LENFANT, Gustave	à Bray-sur-Somme.	Menuiserie.
LEPAGE, Albert	à Dommartin.	Plafonnage.
LEPÈRE, Antony	à Verpillières.	Maçonnerie.
LEPÈRE-BOULOGNE	à Billancourt.	Menuiserie.
LEPERS-DELOURME	28, rue Jean-Macé, à Wasquehal (Nord).	Entreprise générale.
LE PRETRE, Edouard	à Villers-Bretonneux.	Peinture.
LEROY, Charles	7, rue de Beauvais, à Amiens.	Peinture, Vitrerie.
LEROY, Louis-Jules	à Roye.	Serrurerie, Charpente en fer.
LEROY, Louis	14, avenue Jean-Jaurès, à Saint-Saulve (Nord).	Plafonnage, Béton armé.
LESCOUÉZEC, Albert	à Boves.	Menuiserie.
LESLUIN et BERNARDEAU	à Doingt.	Entreprise générale.
LETELLIER, Henri	11, rue Victor-Cousin, à Paris.	Menuiserie, Parquets.
LEUILLIER, Lucien	à Saint-Sulpice (Oise).	Maçonnerie, Béton armé.
LHOTELLIER, Paul	à Nesle.	Maçonnerie.
LHULLIER et BARBIER	126, rue Championnet, à Paris.	Entreprise générale.
LIETOIR, Maurice	à Nesle.	Peinture, Vitrerie.
LILLA, Céleste	à Fransart.	Maçonnerie.
LIONNE, Georges	à Rosières.	Menuiserie.
LOBÉ, Eugène	à Braches.	Maçonnerie.
LOMBARD-DEGOUY	à Moreuil.	Zinguerie.
LONGUEVILLE, Henri	à Rosières.	Plafonnage.
LONNEVILLE, Gustave	à Villers-Bretonneux.	Maçonnerie.

NOMS ET PRÉNOMS des Entrepreneurs ou Raison Sociale de l'Entreprise	ADRESSES	SPÉCIALITÉ pour laquelle l'agrément a été prononcé
MM.		
LOPEZ, Lucien	à Etinehem.	Charpente.
LOTZ, Eugène	12, rue Kléber, à Nancy.	Entreprise générale.
LOUCHE, Louis	22, rue d'Aumale, à Saint-Quentin.	Entreprise d'élévateurs, Distributeurs d'eau.
LOUVET, André	41, rue des Gravilliers, à Paris.	Entreprise générale.
LUCAS, Edouard	8, rue Ponchet, à Rouen.	Peinture, Vitrerie.
LUCAS, Louis	15 rue du Buhat, à Noyon.	Entreprise générale.
LUDARD, Joseph	à Boves.	Peinture, Vitrerie.
LUDIG frères et Cie	18, avenue Jean-Jaurès, à Arcueil-Cachan.	Entreprise générale.
MACHETTO, Jacques	19, rue de Grigny, à Arras.	id.
MACHO, Joseph	à Arvillers.	Peinture, Vitrerie, Plafonnage.
Maçons de la Creuse	174 *bis*, rue Championnet, à Paris.	Entreprise générale.
MAGNICO, Etienne	à Péronne.	id.
MAGNIER, Adrien	à Nesle.	Serrurerie.
MAGNIER, Arsène	17, rue Pierre-Dupré, à Marseille.	Entreprise générale.
MAGNIER, Henri	à Roisel.	Charpente.
MAGNIER, René	180, boulev. Châteaudun, à Paris.	Maçonnerie.
MAGNIEZ, Lucien	à Rocquencourt (Oise).	Peinture, Vitrerie.
MAILLARD, Jules	à Berteaucourt-lès-Thennes.	Charpente.
MAILLE, Marcel	à Soyécourt.	Maçonnerie. (Canton de Chaulnes).
MAILLOT, Elie	à Doingt.	Menuiserie.
MAILLOT et FLAMENT	à Rubescourt.	Entreprise générale.
MAINARDI, Vincent	8, rue Richard-Lenoir, à Saint-Quentin.	id.
Ve **MALIN-DAVID**	à Nesle.	Peinture.
MALLEZ, Jules	169, boulev. Lefebvre, à Paris.	Peinture, Vitrerie.
MAMEAUX (Entreprises)	6, place du Palais-Bourbon, à Paris.	Entreprise générale.
MANCEAUX, René	à Bray-sur-Somme.	Peinture, Vitrerie.
MANCHE, Oscar	60, rue de Soubise, à Roubaix.	Entreprise générale.
MANSART, Georges	à Ham.	Serrurerie.
MAQUET frères et Cie	à Romeries (Nord).	Entreprise générale.
MARAIS, Jules (Entreprise)	20, boulev. Montparnasse, à Paris.	id.
MARCEL, Albert	57, rue de Bézy, à Vernon (Eure).	Maçonnerie.
MARCHANDISE, Marcel	à Monchy-Lagache.	Menuiserie.
MARCILLE-MAGLOIRE	à Corbie.	Menuiserie, Serrurerie.
MARGRY, Henri	35, rue Delannoy, à Amiens.	Charpente, Menuiserie.
MARICAL, Hippolyte	à Albert.	Couverture, Plomberie, Assainissement.

NOMS ET PRÉNOMS des Entrepreneurs ou Raison Sociale de l'Entreprise	ADRESSES	SPÉCIALITÉ pour laquelle l'agrément a été prononcé
MM.		
MARIEN, Ferdinand	89, rue de Tourcoing, à Roubaix.	Entreprise générale.
MAROTTE, Jules	à Roisel.	Zinguerie, Plomberie.
MARSEAULT, Joanny	27, rue Turpin, à Lyon.	Menuiserie.
MARTIN, Camille	à Roye.	id.
MARTIN, Clodomir	à Breteuil-sur-Noye.	Entreprise générale.
MARTIN, E.-L.	7 *ter*, impasse du Maine, à Paris.	Maçonnerie.
MARTIN, Pierre	2, rue Marotte, à Amiens.	Entreprise générale.
MARTIN, Théophile	26, rue Charles-Baudelaire, à Paris.	id.
MARTINO, Sébastien	77, rue Debaussaux, à Amiens.	id.
MARTY, Urbain	à Roye.	Charpente, Menuiserie.
MASSE, MANNESSIER et Cie	50, route d'Albert, à Amiens.	id.
MASSÉ, Marcel	47 *bis*, rue de Clermont, à Margny-lès-Compiègne.	Couverture, Plomberie, Fumisterie, Marbrerie
MASSOTTI et Cie	18, rue Duthoit, à Amiens.	Maçonnerie, Ciment armé.
MASSON-VITAL	à Montdidier.	Plâtrerie, Peinture.
MASSON, Gustave	110, rue du Chaperon, à Darnétal.	Charpente.
MASSON, Michel	22, route d'Eu, au Tréport.	Menuiserie, Charpente.
MASSOULLE, Henri	à Caix.	id.
MATRAT et fils	11, rue Ernest-Renan, à Issy-les-Moulineaux.	Charpente bois et fer, Menuiserie, Parquets.
MAUDENS, Eugène	à Hirson (Aisne).	Entreprise générale.
MAUPIN, Eugène	à Liancourt-Fosse.	Maçonnerie.
MAURIN, Marcelin	à Montdidier.	Entreprise générale.
MAURY, Jules	à Fresnoy-lès-Roye.	Charpente.
MÉHAY, Paul	à Péronne.	Couverture, Zinguerie.
MENOT, Alfred	2, rue de la Manufacture, à Orléans.	Maçonnerie.
MERCHEZ, Théophile	à Péronne.	Entreprise générale.
MERCUSOT, Paul	à Roye.	Couverture, Plomberie.
MERLÉ, Louis	à Moreuil.	Menuiserie.
MERLIN, Georges	à Marchélepot.	Peinture, Vitrerie. (Canton de Nesle)
MEES, Arthur	à Neuvilly (Nord).	Entreprise générale.
MEUNIER, René	8, place Sainte-Croix, à Arras.	id.
MICHARD, Henri	à Vendeuil (Aisne).	id.
MICHAUX et DUPUIS	54, rue de Nanterre, à Asnières.	Constructions métalliq.
MILINAIRE frères (Etablissements)	23, rue La Fontaine, à St-Ouen.	Entreprise générale.
MILLOT, Honoré	79 *bis*, rue du Maréchal-Foch, à Saint-Cloud.	Menuiserie.

NOMS ET PRÉNOMS des Entrepreneurs ou Raison Sociale de l'Entreprise	ADRESSES	SPÉCIALITÉ pour laquelle l'agrément a été prononcé
MM.		
MILON, René	à Etelfay.	Maçonnerie.
MINÉ, Camille	à Lignières.	Peinture, Vitrerie.
MINNE-LUNIS	à Caix.	Maçonnerie.
MOCAER, Pierre	à Ham.	id.
Vᵉ **MOGLIA**	34, rue des Grilles, à Pantin.	id.
MOLES, Antoine	199, rue de la Voirie, à Amiens.	Charpente bois et fer.
MOLLET frères	à Tilloloy.	Charpente, Menuiserie.
MOLLET, Louis	à Roye.	Serrurerie, Electricité.
MOLLET, Octave	à Nesle.	Peinture.
MOLLET, Paul	à Villers-Bretonneux.	Serrurerie.
MOLLIER, Casimir	id.	Plâtrerie.
MONCHAUX, Louis	à Aubers (Nord).	Entreprise générale.
MONNOYER et ses fils	1, rue Camille-Lemonnier, à Bruxelles.	id.
MONTAGNE et LEMOINE	à Saint-Aubin-Jouxte-Boulleng (Seine-Inférieure).	id.
MONTCOCOL, Célestin	80, quai de la Râpée, à Paris.	id.
MONTENDRO, Pierre	à Rosières.	id.
MOREAU et BERTHOD	15, Grande-Rue, à Saint-Maurice (Seine).	id.
MOREAU, Emile	22, rue de la Tombe-Issoire, à Paris.	Couverture, Plomberie.
MOREL, Edouard	à Davenescourt.	Peinture. (Arrondis. de Montdidier)
MOREL frères	rue de la Passerelle, à Harnes (Pas-de-Calais).	Menuiserie, Charpente.
MORIAMÉ, Ernest	7, boulevard St-Charles, à Amiens.	Marbrerie.
MORINEAU, François	au Trait (Seine-Inférieure).	Maçonnerie.
MORNAND, J. et Cie	à Vizille (Isère).	Entreprise générale.
MOULET, Antonin	62, rue de la République, à Eu.	id.
MOURIER, Marcel	à Corbie.	id.
MOUTON et PICHOT	à Fouilloy-lès-Corbie.	Couverture, Plomberie, Zinguerie.
MUNARI, Francesco	2, rue Landser, à Mulhouse.	Entreprise générale.
NACQUART, Georges	à Caix.	Menuiserie.
NADOT, Louis	rue du Cheval-Blanc, à Pantin.	Entreprise générale.
de **NAYER et LEROY**	à Chaulnes.	id.
NAILLON, Albert	à Bray-sur-Somme.	Peinture, Vitrerie.
NAUER, Louis	38, rue Saint-Charles, à Paris.	Menuiserie.
NESSI frères	43, rue de la Vanne, à Montrouge.	Installations chauffage.
NIBART, Alfred	8, rue de Remirecourt, à Roubaix.	Chauffage, Installations sanitaires.

NOMS ET PRÉNOMS des Entrepreneurs ou Raison Sociale de l'Entreprise	ADRESSES	SPÉCIALITÉ pour laquelle l'agrément a été prononcé
MM.		
NICOLAS, Antoine	à Ablaincourt (Somme).	Entreprise générale.
NICOT, Henri	15, rue Saint-Firmin-le-Confesseur, à Amiens.	Couverture, Plomberie, Zinguerie.
NIDRECOURT et BUERLE	9, rue du Havre, à Paris.	Entreprise générale.
NIHOUL-LEFÈVRE	à Framerville.	Ferblanterie, Plomberie, Zinguerie.
NIQUET et Cie	à Nesle.	Couverture, Zinguerie.
NIQUET-LABESSE	à Méharicourt.	Entreprise générale.
NIVOCHE, C.	25, avenue de Saint-Ouen, à Paris.	Peinture.
NOLAND, Daniel	6, rue Patallier, à Elbeuf (Seine-Inférieure).	Menuiserie, Charpente.
NORMAND, Eugène	à Méharicourt.	Peinture.
NORMAND, Gabriel	à Fresnoy-lès-Roye.	Menuiserie.
OBOT et LAPLANTI	4, rue Demarest, à Dieppe (Seine-Inférieure).	Menuiserie, Charpente.
ODON, Hubert	7, rue de Vesoul, à Saint-Quentin.	Couverture.
O'KELLY, William	à Erches.	Entreprise générale.
OLLIER, Henri	73, rue Michel-Ange, à Paris.	Travaux publics.
ORANIE-L'HOST	5, rue du Pont-de-Lodi, à Paris.	Entreprise générale.
OST, Charles	à Tilloloy.	Couverture.
PACQUE, Constant	27, rue Guermond, à Amiens.	Peinture, Vitrerie.
PAGANI, Joseph	à Nesle.	Menuiserie.
PAIN, Alphonse	à Fignières (Somme).	Entreprise générale.
PANTZ (Usine)	à Jarville-Nancy (Meurthe-et-Moselle).	Constructions métalliques.
PAPAVOINE, Maurice	22, rue de la Gare, à Louviers (Eure).	Menuiserie.
PAPIN, Camille	à Villers-lès-Roye.	Maçonnerie.
PARMENTIER, Léon	24, rue Cavillier, à Amiens.	Couverture, Plafonnage.
PASCAL, Joseph	36, boulevard Carnot, à Amiens.	Entreprise générale.
PASINO, César	à Corbie.	Maçonnerie.
PASSAVY, Antoine	2, rue du Saint-Gothard, à Paris.	Maçonnerie, Béton armé.
PASETTI et MARELLI	16, rue d'Athènes, à Paris.	Entreprise générale.
PASTRE-DENIS	à Dreux (Eure-et-Loire).	Travaux publics.
PATOIS, Eugène	70, rue Armelot, à Paris.	Serrurerie.
PAUCHET, Henri	à Humbercourt (Somme).	Charpente, Menuiserie.
PAUPY, André	57, route de Paris, à Amiens.	Entreprise générale.
PÉCHIN, Alexandre	à Corbie.	Zinguerie.
PÉCHIN, Maurice	à Curchy.	Maçonnerie.
PECQUET et Cie	à Nesle.	Charpente.

NOMS ET PRÉNOMS des Entrepreneurs ou Raison Sociale de l'Entreprise	ADRESSES	SPÉCIALITÉ pour laquelle l'agrément a été prononcé
MM.		
PEIGNÉ, Georges	18, boulevard Saint-Denis, à Paris.	Menuiserie, Parquets.
PEIGNEN, Narcisse	24, rue de Tolbiac, à Paris.	Charpente.
PELLERIN et RAGUET	103, rue Saint-Lazare, à Paris.	Entreprise générale.
PELLINI, Charles	à Delle (territoire de Belfort).	id.
PELNARD-CONSIDÈRE, CAQUOT et Cie	8, rue Armand-Moisant, à Paris.	id.
PÉLOT, Gabriel	44, rue de Lisbonne, à Paris.	id.
PERINETTI, Jean	3, rue Denis-Papin, à Amiens.	id.
PERRIER, Pierre	à Haudefort (Dordogne).	Peinture, Vitrerie.
PERRONCEL, Marc	à Bray-sur-Somme.	Couverture.
PERROT, Marcel	à Nesle.	Serrurerie.
PERRUCCIO, Efisio	à Roye.	Maçonnerie, Ciment armé
PESTEL frères et WOESTELANDT	27, place Sébastopol, à Lille.	Entreprise générale.
PETIT, Gaston	à Montdidier.	id.
PETIT et CLAUS	12, rue Lantiez, à Paris.	id.
PETITIMBERT, Roger	à Rosny-sous-Bois.	id.
PEULABEUF, Louis	6, boulev. de Strasbourg, à Arras.	id.
PHAFF, Georges	à Berteaucourt-lès-Thennes.	Maçonnerie.
PHALEMPIN, Théodore	à Mailly-Maillet.	Charpente, Couverture.
PHILIPS, Victor	à Matigny.	Maçonnerie.
PIATTE, VAZEUX et Cie	à Flaucourt.	Entreprise générale.
PICARD frères	à Esmery-Hallon.	Charpente.
PIÉRON, Célestin	32, place Vogel, à Amiens.	Maçonnerie.
PIGNON, Georges	à Fouilloy-lès-Corbie.	Menuiserie.
PILLET, Louis et Cie	5, rue Châteaubriand, à Paris.	Entreprise générale.
PILLON, Paul	à Hangest-en-Santerre.	Peinture.
PILLOUD, Robert	à Moreuil.	Entreprise générale.
PINCHON, Charles	à Roisel.	Menuiserie.
PINCHON, Gaston	à Chilly.	id.
PINGAUD, Charles	à Rosières.	Maçonnerie.
PINGRET, Joseph	id.	Menuiserie.
PIQUART, Henri	à Noyelles-lès-Vermelles (P.-de-C.)	Entreprise générale.
PINQUET et Cie (Etablissements)	271, rue Solférino, à Lille.	Chauffage, Installations eau, vapeur.
PIRAUD, Joseph	à Tricot (Oise).	Couverture, Zinguerie.
PITCHER (the)	18, rue Grange-Batelière, à Paris.	Entreprise générale.
PITEUX, Paul	à Corbie.	Couverture.
PLAIN, Eugène	à Roisel.	Menuiserie.
PLANQUART, Léon	220, Grande-Rue, à Roubaix.	Entreprise générale.

des Entrepreneurs ou Raison Sociale de l'Entreprise	ADRESSES	SPÉCIALITÉ pour laquelle l'agrément a été prononcé
MM.		
PLANQUE, Georges	à Etinehem.	Maçonnerie, Plâtrerie.
PLEIN, Victor	14, rue Delambre, à Lagny (Seine-et-Marne).	Maçonnerie, Couverture.
POINGT, Gustave	à La Houssoye.	Menuiserie.
POINTIER, Edouard	à Matigny (Somme).	Peinture.
POLET, Camille	à Flavy-le-Martel (Aisne).	Entreprise générale.
PONCHAUX-BECQUEMBOIS	à Canteleu-Lambersart (Nord).	Entreprise de forages et Plomberie.
PONCHE, Nicolas	à Ytres.	Entreprise générale.
PORET, Georges	à Licourt.	Menuiserie.
POTIER, Gédéon	à Ham.	id.
POUCHAIN, Eugène	à Roisel.	Maçonnerie.
POUGET, René	à Villers-Bretonneux.	Menuiserie, Parquets.
POUPART, Placide	7 *bis*, rue Fromentin, à Paris.	Chauffage central.
PRADEAU, Jules	11, rue du Sahel, à Paris.	Entreprise générale.
PRADEAU, Théophile	80, boulevard Haussmann, à Paris.	id.
PRADO, Joseph	133, Grande-Rue, à Sèvres.	id.
PREISWERH et Cie	à Saint-Louis (Haute-Alsace).	id.
PRÉTERRE, Georges	à Montdidier.	Charpente.
PRINGUET, Emile	à Moreuil.	Peinture, Vitrerie.
PRINGUET, Louis	id.	Menuiserie.
PRUVOT, Fernand	à Fouilloy-lès-Corbie.	Peinture.
QUÉHEN, Alexandre	à Thézy-Glimont.	Maçonnerie.
QUÉLIN, Henri	à Albert.	Entreprise générale.
QUÉRET, Emile	à Villers-Carbonnel.	Maçonnerie.
QUESNEAU fils	7, rue de Paris, à Elbeuf (Seine-Inférieure).	Couverture.
QUEVAL, Marcel	rue de l'Industrie, à Deville-lès-Rouen.	Entreprise générale.
QUIGNON-DEPARCY	61, rue Lavallard, à Amiens.	Menuiserie.
QUILLERY (Etablissements)	24, rue de Liège, à Paris.	Entreprise générale.
RABAIX et MASQUART	6, rue des Veneurs, à Compiègne.	id.
RABIER, André	à Villers-Bretonneux.	Couverture, Plomberie, Zinguerie.
RACHARD, Alphonse	à Bayonvillers.	Menuiserie.
RACHARD, Arthur	à Villes-lès-Roye.	id.
RAMEIX, Lucien	5, rue de Conflans, à Charenton.	Charpente, Menuiserie.
RANCARI et fils	à Péronne.	Entreprise générale.
RANCILIO-GERVAIS	4, rue de Condé, à Vouziers (Ardennes).	id.
RANDON, Achille	à Mézières-en-Santerre.	Maçonnerie.

NOMS ET PRÉNOMS des Entrepreneurs ou Raison Sociale de l'Entreprise	ADRESSES	SPÉCIALITÉ pour laquelle l'agrément a été prononcé
MM.		
RATEAU, Edmond	248, cours Lafayette, à Lyon.	Entreprise générale.
RATEAU, Ernest	à Villers-Bretonneux.	Entrepr. de jointoiement.
RATIER, Léon	à Thézy-Glimont.	Maçonnerie.
RECLIN, Louis	23, avenue Eugène-Thomas, à Kremlin-Bicêtre.	Menuiserie, Parquets.
RÉGNARD, Léonard	à Dernancourt.	Peinture, Vitrerie.
RENAUDIN, Pierre	à Chaulnes.	Entreprise générale.
RENIER, Jules	à Guerbigny.	Charpente.
RÉTAT, Jules	40, rue Galilée, à Paris.	id.
REVEL, Robert	à Albert.	Serrurerie.
Rhône et Loire	à Omiécourt.	Entreprise générale.
RICAUX, Gaston	à Roisel.	Couverture.
RICHARD, Alfred	238, route de Paris, à Amiens.	Entreprise générale.
RICHARD, Paul	à Villers-Bretonneux.	id.
RICHART, Maurice	à Roisel.	Charpente, Menuiserie.
RIEZ et **JAILLANT**	à Roye.	Quincaillerie.
RIGAUX, Clovis	id.	Plâtrerie.
RIMBAULT, Albert	à Mons-en-Chaussée.	Charpente, Menuiserie.
RINEAU frères	78, boulevard Babin-Chevage, à Nantes.	Couverture, Plomberie, Zinguerie.
RISI, Joseph	à Nesle.	Plâtrerie.
RIVIÈRE-HORDÉ	à Fouilloy-lès-Corbie.	Couverture, Zinguerie, Plomberie.
RIVOLLET, Edouard	rue du Curoir, à Roubaix.	Couverture, Plomberie.
ROBAT et **EHRMANN**	à Méharicourt.	Entreprise générale.
ROBIN, Julien	à Rosières.	Charpente, Menuiserie.
ROCHER et **LAVAYSSIÈRE**	8, rue Mounier, à Compiègne.	id.
ROCHOUX-DELANTY	24, rue de l'Alma, à Tours.	Couverture, Zinguerie.
ROFFI, Boniface	17, rue Carré, à Boulogne-Billancourt (Seine).	Entreprise générale.
ROGÉE, Adolphe	à Rosières.	id.
ROIFF, Charles	20, rue de Tourtille, à Paris.	Chauffage, Fumisterie.
RONEL, Camille	à Bayonvillers.	Menuiserie, Charpente.
RONTAIX, Auguste	76 *bis*, boulev. Barbès, à Paris.	Maçonnerie.
ROPIQUET, Auguste	à Villers-Bretonneux.	Charpente, Menuiserie.
ROSSIGNOL, Robert	à Matigny.	Peinture, Vitrerie.
ROUGERON, Georges	à Croix-Moligneaux.	Plâtrerie.
ROULET, Frédéric	39, rue de Reuilly, à Paris.	Entreprise générale.
ROUQUETTE, Elie	à Caix.	Maçonnerie.
ROUSSEL, Pierre	à Ham.	Menuiserie.

NOMS ET PRÉNOMS des Entrepreneurs ou Raison Sociale de l'Entreprise	ADRESSES	SPÉCIALITÉ pour laquelle l'agrément a été prononcé
MM.		
ROUSSELET, Eugène	29, avenue du Roule, à Neuilly-sur-Seine.	Entreprise générale.
ROUSSIN, René	107, rue de Sèvres, à Paris.	id.
ROUX, Octave	à Monchy-Lagache.	Charpente, Menuiserie.
ROUX, Henri	à Roye.	Maçonnerie.
ROUX, A.-J.	20, rue Rohaut, à Amiens.	Entreprise générale.
RUQUIER, Paul	rue Octave-Fauquet, à Oissel-sur-Seine.	Maçonnerie.
RUSCIO, Pascal	à Nesle.	Plâtrerie, Peinture.
SAGETAT, C.	6, rue Ribouttì, à Paris.	Entreprise générale.
SAGNIER, Emile	à Méaulte.	id.
SAGUIT, Raymond	à Ailly-sur-Noye.	Couverture, Zinguerie.
SAINRAPT et BRICE	36, rue du Moulin-des-Prés, à Paris.	Entreprise générale.
SAINRAPT, François	22, avenue Voltaire, à Lunéville (Meurthe-et-Moselle).	id.
SAINT-OMER, AVENANT	16, rue du Vivier, à Amiens.	Charpente, Menuiserie.
SALIGNON, Charles	à Nesle.	Plâtrerie.
SANIER, Marcel	à Framerville.	Entreprise générale.
SARTON, Jean	à Bavay (Nord).	id.
SAUDEMONT, Augustin	à Ressons-sur-Matz (Oise).	Travaux hydrauliques.
SAUNIER, Raymond	à Epehy.	Electricité.
SAUQUES, Louis	à Montdidier.	Entreprise générale. (Coop. de Montdidier).
SAUVET, Charles	à Esmery-Hallon.	Peinture, Vitrerie.
SAVARY-DUPUIS	à Bray-sur-Somme.	Couverture, Zinguerie, Plomberie.
SAVARY, Pharamond	à Gouzeaucourt (Nord).	Électricité, Chauffage, Installations sanit^res^.
SAVARY, Pierre	à Chaulnes.	Entreprise générale.
SAVARY, Raoul	id.	id.
SECRET, Euloge	à Hombleux.	Maçonnerie.
SEDRAT et HANNEQUIN	à Ailly-sur-Noye.	Entreprise générale.
SEDRAT, Jean	id.	id.
SELLIER, Georges	à Picquigny.	Maçonnerie.
SELLIER, Hippolyte	à Fouilloy-lès-Corbie.	Menuiserie.
SEMONSOUT, Joseph	19, rue des Mariniers, à Paris.	Maçonnerie.
SENÉE-DELIENCOURT	à Corbie.	Menuiserie, Charpente.
SENEZ-GABEZ	à Ham.	Plâtrerie, Marbrerie.
SERVAIS, Alphonse	à Cerisy-Gailly.	Maçonnerie.
SERVAZEIX, J.-B.	64, avenue de Bonneuil, à Saint-Maur (Seine).	Entreprise générale.

NOMS ET PRÉNOMS des Entrepreneurs ou Raison Sociale de l'Entreprise	ADRESSES	SPÉCIALITÉ pour laquelle l'agrément a été prononcé
MM.		
SEVESTRE, Emile	26, rue Buffault, à Paris.	Entreprise générale.
SERY, Emile	à Heudicourt (Somme).	Menuiserie.
SIMON et BOYÉ	31, rue de Romo, à Paris.	Entreprise générale.
SIMON, Théophile	à Pargny.	id.
SINET, Gustave	35, rue Chantepuits, à Herblay (Seine-et-Oise).	id.
SOLLIER et GROC	9, rue Jean-Dolfus, à Paris.	Couverture, Plomberie.
SORREL, Adolphe	à Nesle.	Couverture, Plomberie, Zinguerie.
STASSIN, Edouard	5, rue Chéneval, à Margny-lès-Compiègne.	Maçonnerie.
STHEVENET, Alexis	à Matigny.	id.
STOURM et Cie	5, boulevard de Verdun, à Neuilly-sur-Seine.	Electricité, Eau.
SURRE, Eloi	à Halles (Meuse).	Entreprise générale.
Société d'Application du béton armé S. A. B. A.	53, rue de Ponthieu, à Paris.	id.
Société Boulonnaise de Travaux et Constructions	65, rue Framery, à Boulogne-sur-Mer.	id.
Société anonyme de Constructions et d'Installations industrielles S. A. C. I.	26, rue Geoffroy-l'Asnier, à Paris.	id.
Société auxiliaire des Distributions d'eau S. A. D. E.	5, rue Tronçon-Ducoudray, à Paris.	id.
Société Adrian d'Entreprise et de Construction	44, avenue de la Grande-Armée, à Paris.	id.
Société Centrale d'Entreprise d'Amiens S. C. E. A.	21, rue Alexandre-Fatton, à Amiens.	id.
Société Centrale de Travaux publics et privés	22, rue de l'Arcade, à Paris.	id.
Société Commerciale d'Entreprises	27, avenue des Champs-Elysées, à Paris.	id.
Société de Construction des Batignolles	11, rue d'Argenson, à Paris.	id.
Société de Constructions coulées.	6, rue Montalives, à Paris.	id.
Société de Construction de Chemins de fer et de Travaux publics	11 *bis*, rue Boissy-d'Anglas, à Paris.	id.

NOMS ET PRÉNOMS des Entrepreneurs ou Raison Sociale de l'Entreprise	ADRESSES	SPÉCIALITÉ pour laquelle l'agrément a été prononcé
MM.		
Société de Constructions économiques	11, avenue de l'Opéra, à Paris.	Entreprise générale.
Société d'Etudes et de Constructions	125, avenue des Champs-Elysées, à Paris.	id.
Société Européenne de Travaux S. E. T.	27, rue Marbeuf, à Paris.	id.
Société Euboolith (Société anonyme française)	36 *bis*, rue Laugier, à Paris.	id.
Société Fis et Pinaud	10, rue Pasteur, à Compiègne.	Construct. hydrauliques.
Société anonyme Franco-Hollandaise d'Entreprise générale du Bâtiment	93, avenue des Champs-Elysées, à Paris.	Entreprise générale.
Société anonyme de Gobertange.	37, boulevard du Nord, à Saint-Quentin.	id.
Société d'Entreprises et de Constructions modernes	77, rue Saint-Lazare, à Paris.	id.
Société d'Entreprises générales et de Travaux publics	14, rue Vézelay, à Paris.	id.
Société d'Entreprises et de Matériaux S. E. M.	Les Mureaux (Seine-et-Oise).	id.
Société d'Entreprises et de Produits métallurgiques Ouest-Métaux	154, boulev. Haussmann, à Paris.	id.
Société d'Entreprises Ozenfant et Brassart	1, rue Danton, à Paris.	id.
Société d'Entreprise pour la Reconstruction de Reims et des Pays dévastés	29, avenue de Villiers, à Paris.	id.
Société d'Entreprises et de Travaux publics du Nord. VISTE, BESLAY et Cie	94, rue Saint-Lazare, à Paris.	id.
Société générale d'Entreprises	56, rue du Faubourg-Saint-Honoré, à Paris.	id.
Société générale Française d'Entreprises et de Travaux publics	5, rue Tronchet, à Paris.	id.
Société générale de Travaux publics. Entreprise Edmond BOYER	25, rue Saint-Léonard, à Angers.	id.

NOMS ET PRÉNOMS des Entrepreneurs ou Raison Sociale de l'Entreprise	ADRESSES	SPÉCIALITÉ pour laquelle l'agrément a été prononcé
MM.		
Société générale de Travaux pour la France et les Colonies. Etablissements REYNÈS, ARIÈS, RUAUD	12, rue de Monceau, à Paris.	Entreprise générale.
Société Industrielle de Construction S. I. C.	1, place des Petits-Pères, à Paris.	id.
Société Industrielle d'Entreprises	31, rue de Rome, à Paris.	id.
Société Industrielle d'Entreprise générale S. I. E. G.	30, quai du Louvre, à Paris.	id.
Société Industrielle de Travaux.	52, rue de Clichy, à Paris.	id.
Société anonyme « La Brique Picarde »	1, rue Croix-St-Firmin, à Amiens.	id.
Société anonyme « La Construction Française »	4, rue Le Chatelier, à Paris.	id.
Société anonyme « La Couverture ardoises de Fumay » ...	boulevard de la Liberté, à Cambrai.	Spécialités.
Société anonyme « Les Chantiers du Nord-Est »	à Saint-Erme (Aisne).	Entreprise générale.
Société anonyme « Le Crypto ».	149, rue de Rome, à Paris.	id.
« La Lutèce » Association coopérative d'ouvriers couvreurs plombiers	16, rue Bichat à Paris.	Spécialités.
Société anonyme des anciens Etablissements LAPORTE et fils et Cie	9, boulevard Carnot, à Toulouse.	Charpente, Menuiserie.
Société anonyme française, Etablissements J. MARESCHAL, BALLÉE, TRÉMAULT	9, rue Vauvillers, à Paris.	Agencements de magasins.
Société ouvrière anonyme « La Maçonnerie Parisienne » ...	18 *bis*, rue Yvart, à Paris.	Maçonnerie.
Société Nesloise d'Entreprise générale	6, place de l'Eglise, à Nesle.	Entreprise générale.
Société Normande d'Entreprise de Travaux publics	76, rue de Cauville, à Rouen.	id.
Société Nouvelle de Constructions industrielles et de Travaux publics	20, rue du Louvre, à Paris.	Maçonnerie.
Société Nouvelle de Constructions et de Travaux	282, boulevard St-Germain, à Paris.	Entreprise générale.

NOMS ET PRÉNOMS des Entrepreneurs ou Raison Sociale de l'Entreprise	ADRESSES	SPÉCIALITÉ pour laquelle l'agrément a été prononcé
MM. Société Néerlandaise d'Entreprises	8, rue de Touvy-Val, à Saint-Quentin.	Entreprise générale.
Société des ouvriers Plombiers, Couvreurs, Zingueurs de Limoges	12, rue Armand-Barbès, à Limoges.	Spécialités.
Société Parisienne d'Entreprises.	29, rue de Monceau, à Paris.	Entreprise générale.
Société anonyme des Etablissements QUINT	105, rue d'Isle, à Saint-Quentin.	Chauffage, Tôlerie, Fumisterie, Chaudronnerie, Fonderie.
Société anonyme « Rénovation »	4, rue de Castellane, à Paris.	Entreprise générale.
Société anonyme Roubaisienne pour l'entreprise de Travaux publics et particuliers	102, Grande-Rue, à Roubaix.	id.
Société anonyme « Ruberoïd ».	12, rue du Moulin-Vert, à Paris.	Couverture.
Société anonyme « La Septentrionale »	19, rue Ganneron, à Paris.	Entreprise générale.
SCHWARTZ-HAUMONT, Société anonyme des anciens Ateliers de Constructions, Forges et Fonderie d'Haumont	135, avenue Victor-Hugo, à Paris.	id.
Société anonyme « Scierie de Roye »	à Roye.	Charpente, Menuiserie.
Société anonyme, Travaux hydrauliques et Entreprises générales	55, rue de Châteaudun, à Paris.	Entreprise générale.
Société anonyme des Etablissements VIENNOT, S.A.D.E.V.	54, rue de Courcelles, à Paris.	id.
Société anonyme des anciens Etablissements VOILLEMIN	à Chaumont (Haute-Marne).	Menuiserie.
Société de Travaux publics et de Constructions en ciment armé	20, rue de Londres, à Paris.	Entreprise générale.
Société de Travaux publics et Entreprises industrielles	32, rue du 22 Novembre, à Strasbourg.	id.
Société de Travaux publics et de Reconstitution	26, avenue des Champs-Elysées, à Paris.	id.

NOMS ET PRÉNOMS des Entrepreneurs ou Raison Sociale de l'Entreprise	ADRESSES	SPÉCIALITÉ pour laquelle l'agrément a été prononcé
MM.		
TALABARD, Théophile	à Cartigny.	Maçonnerie.
TANT-BÉHAGUE	32, rue de la République, à Amiens.	Couverture, Zinguerie.
TARDIF, Louis	à Caix.	Charpente.
TARNAUD, J.-B.	à Montdidier.	Entreprise générale.
TATTEGRAIN, Victor	23, rue André, à Amiens.	Menuiserie.
TEMPEZ, André	24, rue Boullet, à Amiens.	Entreprise générale.
TERNISIEN-HOLLEVILLE	à Cayeux-sur-Mer.	Menuiserie, Charpente.
TERRADE, Jean	à Beuvraignes.	Entreprise générale.
TERRIER, Lucius	à Roye.	Couverture, Zinguerie, Plomberie.
TEULIÈRES, Léonce	à Bray-sur-Somme.	Charpente.
THÉRIN, Charles	16, rue de la Gare, à Eragny (Seine-et-Oise).	Peinture, Vitrerie.
THÉRY et RAYEZ	à Villers-Bretonneux.	Couverture, Zinguerie, Plomberie.
THIBAUDAT, Paul	à Voyennes.	Entreprise générale.
THIBAUT, Philadelphe	à Rouvrel.	Peinture, Vitrerie.
THIÉBLET et SABROUX	à Rosières.	Entreprise générale.
THIERRY, Irénée	129, rue Vulfran-Warmé, à Amiens.	Srerurerie.
THOMAS, Alban	94, route de Paris, à Amiens.	Couverture, Plafonnage.
THOMAS, Albert	à Saint-Quentin-Lamotte (Somme).	Menuiserie, Charpente.
THOMAS, Auguste	6, rue Olivier-Métra, à Paris.	Charpente.
THOMMERET, Marcel	18, rue de la République, à Saint-Aubin-lès-Elbeuf (Seine-Inf.).	Couverture, Plomberie, Zinguerie.
Ve THORY	72, rue Gaulthier-de-Rumilly, à Amiens.	Couverture, Plomberie, Zinguerie.
THUET, Eugène	à Roisel.	Menuiserie.
TIROUX, Homère	à Fouilloy-lès-Corbie.	Entreprise générale.
TISCEYRE, Joseph	65, rue Denfert-Rochereau, à Toulouse.	Maçonnerie.
TOISOUL et Cie	111, boulev. de l'Hôpital, à Paris.	Entreprise générale.
TOMBU, Georges	8, rue Richard-Lenoir, à Saint-Quentin.	id.
TONNELLIER, Maurice	25, rue Tiphaine, à Paris.	Maçonnerie.
TOPART, Gabriel	à Moyencourt.	Maréchalerie, Serrurerie.
TORDEUX, Antoine	à Blanc-Misseron-Quivréchain (Nord).	Entreprise générale.
TOSCANO, Charles	à Boves.	Peinture, Vitrerie.
TOSCANO, Jean	à Esmery-Hallon.	Peinture.
TOUPINIER, E.	à Tricot (Oise).	Entreprise générale.

des Entrepreneurs ou Raison Sociale de l'Entreprise	ADRESSES	SPÉCIALITÉ pour laquelle l'agrément a été prononcé
MM.		
TOURBIER, Emile	à Bray-sur-Somme.	Maçonnerie.
TOURNAY, Clovis	à Roye.	id.
TOURNAY, Daniel	à Hallu.	id.
TOURNAY frères	à Croix-Moligneaux.	id.
TOUZET, Emile	à Boves.	Menuiserie.
TOUZET père et fils	20, rue de la Grande-Ecole, à Fécamp (Seine-Inférieure).	Entreprise générale.
TRASSOUDAINE, Jean	2, rue Lamarck, à Choisy-le-Roi (Seine).	Maçonnerie.
TRÉVISAN, Luigi	à Herbécourt.	Entreprise générale.
TRIAIRE, Célestin	à Roye.	Couverture, Plomberie, Zinguerie.
TRIBOUILLOY, Jules	à Ham.	Plomberie, Zinguerie, Fumisterie.
TRICOT-DODÉ	à Harbonnières.	Peinture, Vitrerie.
TRICOT-POULAIN	à Arvillers.	id.
TRILLAUD, Emile	à Ailly-sur-Noye.	Entreprise générale.
TROCMÉ, Fernand	à Roisel.	Menuiserie.
TROUDE, Paul	71, rue des Capucins, à Amiens.	id.
TRUET, Emile	1 boulevard Sadi-Carnot, à Le Perreux-sur-Marne.	Couverture, Plomberie.
TURQUET, Eugène	à Bray-sur-Somme.	Maçonnerie.
Union des Entrepreneurs du Nord de la France	18, rue des Fabricants, à Roubaix.	Entreprise générale.
Union générale Industrielle (Société anonyme)	77, boulev. Haussmann, à Paris.	id.
Union des Maçons de Paris (Société ouvrière anonyme)	75, rue Broca, à Paris.	id.
VAILLANT, Eugène	à Chaulnes.	Maçonnerie.
VAISSAIRE, André (Etablissements)	21, rue de Coulmiers, à Paris.	Entreprise générale.
VALANCHON, René	à Croix-Moligneaux.	Peinture, Vitrerie.
VALENTIN, Louis	36, rue d'Isle, à Saint-Quentin.	Chauffage, Fumisterie, Plomberie, Marbrerie.
VALLOT et **CHEVALLIER**	17, rue de la Madeleine, à Arras.	Entreprise générale.
VANGHELUÉ, Edmond	à Fonches.	Menuiserie.
VANNIER, Joseph	à Cayeux-sur-Mer.	Entreprise générale.
VANTOME, Aimé	à Paillart (Oise).	Menuiserie.
VARENNE, CAILLARD et Cie	1, rue Tampon, à Montreuil-sous-Bois.	Entreprise générale.
VAREZ, Henri	à Roye.	Serrurerie.

NOMS ET PRÉNOMS des Entrepreneurs ou Raison Sociale de l'Entreprise	ADRESSES	SPÉCIALITÉ pour laquelle l'agrément a été prononcé
MM.		
VARLET, Eugène	à Hyencourt-le-Grand.	Maçonnerie.
VARRIER, Arthur	à Monchy-Lagache.	id.
VAUCHELLE, Gaston	à Moyencourt.	Menuiserie.
VAULTIER, Edouard	157, faubourg Saint-Denis, à Paris.	Chauffage, Hydrothérapie.
VEAU, Paul	à Lamotte-Beuvron (Loir-et-Cher)	Travaux publics.
VEAUVY, Marie	aux Docks, à Tours (Indre-et-Loire).	Charpente, Menuiserie.
VERDIER, Marcel	à Marquivillers.	id.
VERDIN, Joseph	17, rue de la Bienfaisance, à Paris.	Entreprise générale.
VERMOND, Gaston	à Fresnoy-lès-Roye.	Serrurerie, Quincaillerie.
VERRIER, Georges	12, rue Massue, à Vincennes.	Menuiserie.
VIGNE, Justin	à Nesle.	Charpente.
VIGNON, Fernand	à Ham.	Couverture, Zinguerie, Plomberie.
VIGNON, Gédéon	à Mesnil-Saint-Nicaise.	Menuiserie.
VILLEBIÈRE-DECHEZLEPRÊTRE	181, rue Vercingétorix, à Paris.	Entreprise générale.
VILLEMIN et fils et DUVIGNAU	11, rue Ribéra, à Paris.	id.
VILLEMIN et REYNAUD	11, rue Ribéra, à Paris.	id.
VILLETTE, Emile	à Dernancourt.	Maçonnerie.
VINCAMPT-QUESNEL	à Rosières.	Menuiserie.
VINCENT, Eugène	31, rue de la République, à Meudon (Seine-et-Oise).	Couverture, Plomberie.
VIRECOULON, René	à Warsy.	Peinture, Vitrerie.
VITASSE G. et COTTRELLE A.	à Ville-sur-Ancre.	Maçonnerie.
VITRY, Ernest	à Roye.	Serrurerie.
VOGEL, Arthur	65, rue Saint-Ladre, à Cambrai.	Entreprise générale.
VOGT, FOUCRIER et Cie	à Tagnon (Ardennes).	id.
VRAIN (les frères)	à Flavy-le-Martel (Aisne).	id.
VUILLERMET, Charles	6, port d'Amont, à Amiens.	id.
VYNCKE, Achille	à Hyencourt-le-Grand.	id.
WABLE, Léandre	à Thennes.	Plafonnage.
WAECHTER-MICHAUT	à Moreuil.	Menuiserie.
WOEHRN, M.	40, rue de Sévigné, à Paris.	Chaufferie, Fumisterie.
WUILLERMIN, Albert	à Montdidier.	Plâtrerie, Plafonnage.
YBLED, Eugène	à Forceville.	Entreprise générale.
YRON, Philippe	à Aubigny-au-Bac (Nord).	id.
ZELL, Jules	12, rue du Delta, à Paris.	Couverture, Plomberie.

NOMS ET PRÉNOMS des Entrepreneurs ou Raison Sociale de l'Entreprise	ADRESSES	SPÉCIALITÉ pour laquelle l'agrément a été prononcé et limite de cet agrément.
MM.		
BAZIN, Gabriel	Davenescourt.	Couverture, Zinguerie. (Coopérative de Davenescourt).
BERRY, Joseph	Montdidier.	Maçonnerie. (Ville de Montdidier).
DUFLOS, Arthur	Etelfay.	Couverture, Zinguerie. (Coopérative Etelfay-Faverolles).
GODET, Albert	Davenescourt.	Menuiserie. (Arrondissement Montdidier).
MAILLE, Marcel	Soyécourt.	Maçonnerie. (Canton de Chaulnes).
MERLIN, Georges	Marchélepot.	Peinture, Vitrerie. (Canton de Nesle).
MOREL, Edouard	Davenescourt.	Peinture. (Arrondissement Montdidier).
SAUQUES, Louis	Montdidier.	Entreprise générale. (Ville de Montdidier).

6137 J. — Amiens, Imp. du Progrès.

www.ingramcontent.com/pod-product-compliance
Ingram Content Group UK Ltd.
Pitfield, Milton Keynes, MK11 3LW, UK
UKHW021533260726
13993UKWH00004B/1967